JN023223

民法・商法からはじめる

ビジネス法入門
BUSINESS LAW

池島 真策・橋谷 聡一 著

税務経理協会

は し が き

　本書の狙いは，ビジネスにおける具体的なシーンやその形態をイメージしながら，ビジネス法の中心である民法分野・商法分野の中心的な法律を学ぶことにあります。

　学生時代に法律を勉強したころを思い返してみると，日常生活で直面するような売買契約や賃貸借契約といった法律分野は，具体的な場面をイメージしながら学ぶことができましたが，他方で，企業内での日常的な活動と民法や商法（当時はまだ会社法はなかった）がどのように関連しているのか，またそれらの法律がどのような企業・業種・取引等をいかにかかわるのかなどは，なかなか想像できませんでした。昔は，ビジネスシーンやビジネス形態などをイメージし関連付けながら具体的・実践的に法律を学ぶという，実際的な勉強スタイルはあまり行われていなかったように思います。

　近年，ビジネスにおける法律の重要性が，より一層高まるとともに，より複雑で専門的になっているといわれています。ビジネス関係がさらに複雑多岐にわたり，多様なビジネス社会で活躍するビジネスパーソンや，その予備軍ともいえる学生などの若い人たちが，ビジネス法（ビジネスシーンやビジネス形態にかかわる法律）を理論と実際の両面で理解することも，益々難しくなっているのが実情ではないかと危惧します。

　そこで，本書では，現在のビジネスに携わる多様な背景の方々がビジネス法を学ぶうえで，ビジネスの具体的なシーンやその形態と関連付けながら理解できるように記述を工夫しました。ただし，本書は，企業関連の多岐にわたる法分野のうち，ビジネス法の中心である民・商法分野の法律をメインとしています。本書の基本的な視点を把握できた読者の皆さんには，他の法律分野にも視野をさらに広げていってほしいと願っています。

　今後のビジネスシーンでは，企業活動と法律を重ね合わせながら，常々法的な意識をもち，様々な事態に対して法的対応がとれるように心構えをしておく

ことが一層求められるでしょう。そのためにも，読者の皆様には，ビジネス法を学び，ビジネスや契約の基礎知識，さらには交渉のスキルなどを身につけて，チャンスを最大限に活かしたビジネス展開をしていっていただければ幸いです。

　最後に，本書の企画をご快諾下さった税務経理協会をはじめ，本書の企画をスタートしたときから多大なるご配慮を頂いた編集部・佐藤光彦さんに，心より御礼申し上げます。

2023（令和5）年6月
梅雨晴れに佇む太陽の塔を眺めながら
池島　真策

凡　　例

会 → 会社法

会社規 → 会社法施行規則

企業開示府令 → 企業内容等の開示に関する内閣府令

金商法 → 金融商品取引法

金商法施行令 → 金融商品取引法施行令

国際海運 → 国際海上物品運送法

商登 → 商業登記法

商 → 商法

借借 → 借地借家法

倉庫業 → 倉庫業法

内部統制府令 → 財務計算に関する書類その他の情報の適正性を確保するた
　　　　　　　めの体制に関する内閣府令

不競法 → 不正競争防止法

不登 → 不動産登記法

保険 → 保険法

保険業 → 保険業法

民訴 → 民事訴訟法

民 → 民法

目　　次

第Ⅱ章　民　　　　法

第Ⅲ章　商　　　　法

第Ⅳ章　会　社　法

第Ⅴ章　金融商品取引法

第Ⅵ章　保　険　法

第Ⅶ章　海　商　法

第Ⅰ章

ビジネスにおける法

Ⅰ－1　ビジネスにかかわる法

(1)　ビジネスと法

　ゲームやスポーツにルールがあるようにビジネスにもルールがある。ルールに従ってプレイをしなければファウルになるように，ルールに従ってビジネスをしなければ様々な現実的な問題や障害が生じる。

　ただし，法（律）には倫理，社会の価値観が反映されているものもあれば，そうではないものもある。例えば，殺人や窃盗，詐欺が倫理的問題を孕むことは同意が得られるだろうが，車両は左側通行とするルールや信号の青が進んでもよいことを意味するのは倫理とは関係ない。そのため，法に背くことの実質的な側面について直ちに反倫理的，あるいは反社会的であると考えるのは短絡的に過ぎる。

　また，法と聞くと「難しそう」とか，「ビジネスのブレーキ」という印象があるかもしれない。事実，残念ながら法律を学習すると理論が難しく感じたり，論理的帰結としての正しさよりも結果として正しそうな，悪く言えば好ましい結果のためのロジックが選択されているのではないかという疑念が生ずることはある。また，いわゆる「発展途上国」で新たな技術の導入が図られ広がっていくことは，法規制が十分ではないからだとも言えるし，日本よりも自由であるからだともいえる。つまり，法律がブレーキの役割を果たしているのも一面では真実だ。だが，事象を考察し問題を解決するにも，まずルールを知らなければ議論をすることはできないし，後に述べる通り法がビジネスを加速するアクセルになる場合もある。

　もっとも，膨大なビジネスにかかわる法をすべてマスターしなければビジネスができないわけではない。大切なことはビジネスに対する想像力と行動力を持ちつつ，同時に法的な問題意識を持てるかとどの様な専門家に何を相談すれば良いかを知ることである。本書の目的の一つは，その「気づき」を得るための基礎トレーニングにある。

図Ⅰ-1　法律専門職と専門分野

専門職の名称	専門分野のあらまし	ビジネスでのかかわり
弁護士	訴訟代理等の法律事務全般	訴訟だけでなく，顧問弁護士に日常の法律相談を行うことも多い。
弁理士	特許，実用新案等知的財産	知財法務，知財経営も担う。
司法書士	登記，訴訟，簡裁訴訟代理	不動産取引，役員変更登記等
行政書士	行政手続，権利義務書類作成	許認可。他士業の独占業務以外のほぼ全て。
税理士	税務代理，会計	税務申告，タックスプランニング
社会保険労務士	社会保険，労働保険事務	労働・社会保険，給与事務

（※著者作成）

(2) ビジネス法の体系

　ビジネス法に明確な法体系があるわけではない。また，その公式な定義があるわけでもない。また，商法だけをその名称からビジネス法と理解するなら範囲が狭すぎる。一般に法がビジネスにおいて適用されるとき，ビジネス法としての役割を果たしていると考える方が良いだろう。

　具体的に考えてみよう。例えば，あなたがラーメン店を開業するとしよう。レシピの他にどのようなことを考えなければならないか想像してほしい。

　①店舗を借りる際，大家（所有者）と不動産の賃貸借契約を締結するだろう。その後，②看板や駐車場を整備したり，お客さんが座るカウンターやテーブルといった店舗の内装整備のため工務店と請負契約を締結する。また，③厨房設備を購入する，つまり，売買契約を締結することも必要となる。ラーメンの麺や具，その他材料も業務用食材店から売買契約により購入する。では，直ちに営業できるか，といえばその前にハードルがある。④食品衛生法に基づき，保健所の許可が必要となる。この際，②の工事の完成の前に許可申請書の提出が必要であること，食品衛生責任者を置くことが求められる。許可を得た後，営業を開始し，⑤お客さんにラーメンを提供することは請負契約となる。

　多くの契約や手続が必要になると思われたかもしれないが，ここではほんの

一例を示したに過ぎない。賃貸借契約，請負契約，売買契約は民法・商法上の契約である。一方，食品衛生法に基づく許可は行政法に基づくものである。これらは，全てビジネスにかかわるという意味でビジネス法の一つである。

(3) 法律の分類

　これらのうち，売買契約や請負契約といった民法や商法に基づく契約は，市民間（私人間）の契約である。そのため，民法や商法は私法に分類される。

　一方で，食品衛生法に基づく営業許可は保健所という役所に対し市民が許可を求めるもので，公と私の間に適用される。そのため，同法をはじめとした行政法は公法に分類される。例えば，強い権力や暴力装置を有する国家を縛ることで国民の権利を守る憲法や罪刑法定主義に基づき罰される行為を明定している刑法は公法の代表的な例である。

　このように法令を公法と私法に分ける考え方を公法・私法の二元論という。だが，このような考え方には批判もある。

　他にも法律を実体法と手続法に整理することもできる。

　例えば，牧場主のAが所有する肉牛の売買契約を農家Bと締結した場合，Aが代金支払請求権を有しBが目的物引渡請求権を有することとなるが，誰がどのような権利を有するかは民法という実体法により根拠づけられる。

　しかし，このような実体法さえあれば権利は実現できるだろうか。債務者が任意に給付に応じてくれる場合はともかく，そうでないのであれば例えば裁判手続等を通じこれを実現しなければならない。だが，裁判手続もまた法に従い行う必要があるため民事訴訟法をはじめとした手続法が用意されている。

図Ⅰ－2　実体法と手続法

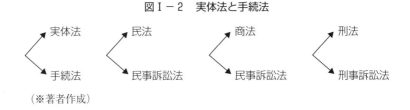

（※著者作成）

4

(4)　私法に対する修正

　私法は，平等な市民間において自律的に法律関係が形成されることを前提としている。だが，経済学が合理的な経済人を前提としていることと似て，法学も一種のフィクションを前提としているのではないだろうか。それは，自律（立）的な市民像や市民間の平等である。我々自然人は18歳で成年となるが（民 4 条），意思能力・行為能力（後述）が問題となる場合を除き，常に正常な判断能力を有すると言えるだろうか。また，アパートの賃貸人（大家）と賃借人（入居者），使用者（会社）と労働者（従業員），事業者と消費者は情報収集能力や交渉力において平等といえるだろうか。

　もし，これらの現実を前提とした問いかけに対し，現実を省察することもないままに「平等である」として問題を認めないなら，それは自由や平等の価値を一方当事者にだけ認めていることになる。大胆に言い換えるならば，そこで実現されるのは，「法によるならず者のための自由な世界」だ。

　これらの立場の相違を是正し民法上の理念をより実体的・実質的なものとするために，特別法として，例えば，借地借家法や労働法（労働基準法，労働契約法，労働組合法，労働関係調整法等の総称），消費者法（消費者契約法，特定商取引に関する法律，割賦販売法等の総称）が制定されている。簡単に言えば，弱い立場に置かれる賃借人や労働者，そして，消費者を保護するこれらの法令は社会法と呼ばれることもある。

　一見，これらの法律はビジネスに関係なさそうにも思えるが，従業員を雇用する際に労働法の知識は必要であるし，自らがテナントとしてオフィスや店舗を借りる際に借地借家法の知識は重要である。また，BtoCの事業を行う際や最終的に消費者が利用する物品や役務（サービス）の場合は，消費者法の理解が欠かせない。

I-2　民法と商法の関係

(1)　民　　　法

　ビジネスにおいて民法の適用が問題となる場面は多い。また，その理解はビジネス法の理解を助けてくれる。民法はかつてのドイツやフランスのヨーロッパ大陸法を継受して明治時代に制定された後，何度かの改正を経ている。

　民法というと，六法に掲載されている「民法」だけを思い浮かべがちである。確かに最も狭い意味（狭義）で民法という場合，この六法に掲載されている「民法」を指す。しかし，民法が単独で機能するわけではない。例えば，不動産登記法は不動産の売買の場面において適用されるため，同法の役割を理解することが欠かせない。これら特別法を理解することも重要である。

(2)　商　　　法

　商法という場合，狭義には六法に掲載されている「商法」を指す。しかし，従前は商法に規定が置かれていた会社についての規律は，「会社法」として立法され，また，同じく商法に規定が置かれていた保険についての規律は，「保険法」として立法された。現在，狭義の商法だけで会社や様々なビジネスの規律が可能であると考えることはおおよそ現実的ではなく，商法，会社法，保険法等の総体を商法と理解すべきだろう。ほか，商業登記法や金融商品取引法，保険業法といった多くの法令がなければ実質的には商法が機能しない。

　民法と商法の関係はその主体や行為の内容に応じて適用されるという点で複雑だが，ビジネスを想定すると多くの場合に商法が適用され，その適用がない場合や同法に具体的な規定が置かれていない場合は民法が適用される，と理解しておいて良いだろう。民法と商法は一般法と特別法の関係にあるためだ。

(3)　法　　　源

　法源について，ここでは法のありようという観点からいくつかの整理を示し

たい。

　日本では国会によって制定される法律，法律から委任を受け内閣により制定される政令，各省の大臣により制定される省令，あるいは地方自治体が制定する条例等の「書かれた法」が法源となるという制定法，明文法主義を採っている。日本が私法を継受したフランスやドイツも同様である。最高裁判所の判決，つまり判例に先例拘束性が正面から認められているわけではない。だが，判例が積み重ねてきた判断のフレームワークが判例法理として，下級審判決や後の判例で踏襲されることは多い。一方，法律学の研究者の見解，すなわち学説や弁護士の見解は法源ではない。

　対比されることが多いのが英米法（系）であり，原則として最上級裁判所の判例に先例拘束性がある。すなわち，先例拘束性がある判例と類似の事案においては，先例が重視され，踏襲されることとなる。そのため，判例法，不文法主義といわれる。ただし，ずいぶん前からイングランドにおいてもアメリカ合衆国（各州）においても制定法が多く存在する。

⑷　一般法と特別法

　法律の適用にはルールがある。そのうち，最も基礎的なルールが「特別法は一般法に優先する」というものである。例えば，市民間の取引を規律する一般法は民法だが，商行為に対しては特別法である商法が優先適用される。対象となる取引等に関する規定が商法にあれば同法が適用されるが，商法に規定がなければ民法が適用される。商法には，取引の一方当事者が商人であれば適用される規定（一方的商行為）と双方が商人の場合に適用される規定（双方的商行為）が存在する。このような関係は，民法と商法との関係だけではない。例えば，建物の賃貸借においては，借地借家法が優先的に適用され，同法に規定がない事柄について民法が適用される。

　ほかにも，上位法優先（例えば，憲法に抵触する法律は無効である），後法優先（新しい法律が優先適用される）といったいくつかの原則がある。

Ⅰ-3　コンプライアンス

(1)　コンプライアンスとは

　コンプライアンスという言葉は日常的なものとなっている。英語で，comply with～：～に従う，という意味であることからも明らかだが，ここでは法令等に従うことをコンプライアンスと呼ぶこととしよう。法令等とした理由は，ただ制定された法令（法律，政令，省令，条例）にさえ従っていればコンプライアンスが達成されるわけではないためである。法令だけでなく，例えば，各業界で自主的に定められたルールがあれば当該ルール，良好な商慣習，コーポレートガバナンス・コード等のソフト・ロー，そして，自社の社内規則にも（従うことができない正当な理由がないのであれば）従う必要がある。

(2)　コンプライアンスの方法論

　では，どのようにコンプライアンス態勢を整備すればよいのだろうか。筆者の経験からとてもシンプルな考え方の一つを例示したい。

　具体的には，①適切な基準があるか（ルールを作る）→②基準が遵守されているか→③遵守されていない場合に対応（是正措置）が採られているか，というサイクルである。また，適切なタイミングで基準が修正されているか否かを確認することをこのサイクルに織り込むべきだ。

　ここでは，この流れに加えて全社的なコンプライアンスにかかわる事項と特定の業務上のコンプライアンスにかかわる事項を分けて態勢を整備する，というシンプルな手法を示したい。

　例えば，株式会社が事業を行う場合，法人全体の管理・運営においても，いずれの部門の取引においても共通して生じるコンプライアンス上の着眼点（リスク）は存在する。その一方で，特定の部門や業務にのみ生じるコンプライアンス上の着眼点も存在する。

　前者として，例えば，会社法をはじめとした法令及び定款を踏まえて社内規

則（規程）が定められているかという観点から，①適切な基準があるか，が問題となる。特定の行政法が適用される，例えば，いわゆる「業法」が適用される場合は同法との整合性も検討が求められる。その上で，②基準が遵守されているか，をチェックする仕組みが必要だ。例えば，契約の内容や履行状況，労働者の労働時間等，コンプライアンス管理者が得たい情報に容易にアクセスできる場合もある。また，取引先の信用力審査や反社チェックが行われているか否かも形式的なチェックは容易である。一方，ハラスメントや不当なキックバック取引のように積極的に当事者が声をあげるか内部通報等がなければ発見できないコンプライアンス上の課題もある。そして，むしろ近年は後者の方が，一旦，問題が生じると経営活動に困難を生じる程に重大化する傾向にある。そのため，逸脱を発見した場合には直ちに適切な対応，例えば，経営層への報告，真相の究明，監督官庁等への報告，被害者がいれば損害賠償等，程度に応じた行為者に対する処分を迅速かつ正確に行うことが必要となる。

　後者の特定の業務に関するコンプライアンスの問題について，企業では様々な（事業）部門があるが，その事業の特性に応じた課題が生じる場合，個別に対応することが求められる。例えば，製造業において，ある部門が製造した商品のみ国外に輸出している場合，為替変動リスクがヘッジされているか，輸出先の信用調査ができているか，売買契約の準拠法は確定されているか，日本・輸出先双方の行政法上の規制に適応できているか，保険が掛けられているかといった点等がコンプライアンス管理の対象としてプラスされることとなる。特に海外との取引においては，政治的・宗教上の問題についても調査した上で対応することが必要となる。一般に宗教的意識が弱いといわれる日本とは異なり宗教上の規範が生活・法規範である社会や国において現地のルールを守ることは特に重要である。

⑶　企業は倫理的であるべきか

　映画の「ヴィーガンズ・ハム」（原題「*Barbaque*」（Fabrice Éboué））はブラック・ユーモア（か，ホラー）であろうが，あなたはこれを見て笑うのだろうか，

それとも眉を顰めるのだろうか。ある言説や行為が倫理的であるか否かの判断や受容れられるかは，多くの場合において社会やこれを評価する個人の価値観に依存しがちである。そのため多元的なものにならざるを得ず，ある人にとっては全く問題ない行為，そして善なる行為ですら，ある人にとっては反倫理的行為，あるいは偽善的行為に映る可能性がある。さらに，日本では「空気」に流され，理解できない巨悪はさほどの社会的制裁（非難）は受けず，むしろ，単純で些末な悪（？）だけが過剰な社会的制裁を受ける。

　逆説だが，ゆえに市民も企業もありとあらゆる「倫理」にすべからく従う必要はない。正確には，必要はないというよりも不可能である。倫理的か否かの判断が多分に文化的なコンテクストに依拠する以上，「非（反）倫理的だ」との非（批）難が容易に生じるなら，その社会は既に多様な価値観という寛容性を放棄したと自認するようなものである。つまり，ポリティカル・コレクトネスはポリティカルである以上，正統（当）性を欠いている。さらに，現在の表現のみに着目しがちな世論の動きは，真の権力構造や差別の隠ぺいにつながる。

　さて，究極的には株主の利益のために存在する株式会社が「善人」である必要はない。法というルールの下で最大限利益を上げ，最大限還元（配当）するのが株主にとって良い株式会社である。例えば，SDGsにいくら熱心に取組んだところで，利益が上がらず倒産したならそれは株主や債権者にとっては最悪だ。だが，これが「美人投票」，つまり株式市場で高い評価を受けるなら，少なくとも株主にとっては良いことである。

　一方，考えるべき倫理的問題は以下のような事例にこそある。

　まず，反社会的企業，違法行為の常習犯企業が存在するという問題である。企業やその経営者・上級管理者が当該企業の経営に関して違法行為を理由に刑事訴訟で有罪が確定した場合や度々の脱税があったにもかかわらず，企業が市場から退場させられないケースは多い。また，ハラスメントや過労死が民事訴訟等で認定されたにもかかわらず繰返される — 経営者や労働者までもが暗黙裡に容認し，さらには被害者を嘲笑している — 場合も同様である。過労死や職務に関する自死者という犠牲者を繰返し生む企業を想起されたい。

　他にも，経営者が従業員に対し常習的に搾取を行う場合がある。例えば，経営者・上級管理者が労働者に「経営者の視点を持て」という「指導」をする場合だ。前提として労働者はその人生の最大の構成要素である時間と労働力を賃金に換価せざるを得ないから働くのである。であるにも拘らず，経営者等と同じようなスタンスで働けと言われたところで，労働者は僅かな給料しか受取ることはできず，将来昇進して経営者や上級管理者になる可能性はほぼない。このことは，上場企業は数千人から数万人の労働者を有しているがその経営陣は数名であり「長居する」こと，中小零細企業の経営陣は同族で占められていることをみればいとも容易に理解できる。そのような事実の下で必要なのは，いかさまじみた「経営者の視点」ではなく，愚直なほどの「労働者の視点」である。分配の観点からすれば，このような馬鹿げた指導は時間と精神の搾取であり人生の搾取である。

(4)　喫煙者は雇わない!?

　近時，喫煙（飲酒）する者は雇用しない，という企業が散見される。私企業には採用の自由があるため（最大判昭和48年12月12日判決，民集27巻11号1536頁，三菱樹脂事件），法的には問題ない。また，経営上・業務上の重要事項が社内の飲み会や喫煙所で決まる，というalcoholic経営，nicotine addiction経営も異常である。だが，企業が個人の生活に口出しする権利をどの程度有しているか，は真剣に考えてみる必要があるだろう。

コラム 1

　法人，特に株式会社というノミナルな存在には，大きな課題が横たわっている。

　例えば，同族が株主を占めるような企業では，不祥事で取締役が交代したとしても所有者（一族）の意識や組織風土が本質的に変わらなければ，その姿勢も変わらない。経営者とはいえ，所詮，操り人形である。そして，日本においては上場している大企業ですら，実質的には創業者一族等が強い影響力を有していることが多い。

　営利法人がお金を儲け，多くの税金を納付するのは善行だが，ルールを守ることが前提であり，違法行為や奴隷労働をさせてよいわけではない。だが，株主が利益というプレッシャーを経営者に加えすぎれば，経営者は違法行為にも手を染め，労働者を酷使するだろう。

Ⅰ－4　訴訟に備える法務

(1)　ビジネスと紛争

　ビジネスでは先に見た通り様々な契約が締結される。例えば，売買契約（民555条）であれば，これに従い売主が目的物を引渡すこと，買主が代金を支払うこと，が債務の履行にあたり，その提供がなされないことが債務不履行にあたる。

　さて，債務不履行が生じた場合に，自力救済を行うことは禁じられているが，債務不履行が生じれば即，訴訟に至るのだろうか。

　急いで財産を保全することが必要な場合等は例外だが，取引相手が債務を履行することを確約しており，裏付けがあるなら，かならずしも直ちに訴訟を提起する必要はないことが多い。例えば，債務履行の確約を念書等にして差入れてもらったり，担保を提供・追加してもらったうえで，履行状況を継続的にモニタリングすることで足りる。

　紛争が訴訟によって「解決」されるか否かは場合による。まず，訴訟では訴訟費用の他，本人訴訟でなければ弁護士等の専門家に対する高額な報酬も必要となる。訴訟は無料ではないので，争いから得られる ― 勝訴した場合の ― ベネフィットとコストを勘案して検討する必要がある。一生懸命に訴訟して勝訴したが，結果，赤字ならビジネスでは負けたのと同じである。

　また，勝訴判決を得ても回収が見込めない，つまり，執行の可能性が見込めない場合も訴訟は無駄となる。例えば，めでたく訴訟において1,000万円の債権を相手方に対し有することが確認されたとしても，相手方に財産がなければ骨折り損のくたびれ儲けだ。とすれば，このような場合，訴訟によらず話し合いを通じ少額ずつ定期的に弁済してもらう方がスマートだろう。

　なお，ビジネスにおいては，取引の相手方が破産等の倒産手続に至る場合もある。このような場合，無担保債権についてはほとんど回収できない。

(2)　訴訟に備える日常業務

　相手方に財産があるうちに早く回収したい，という場合や交渉を通じ任意に履行してもらうことが期待できないが相手方に財産がある，という場合は直ちに訴訟を提起することが理に適う。また，反対に自社が訴えられ対応が必要という場合もあろう。この場合に「優秀な裁判官なら，何も言わずとも判ってくれる」と放置していると，自動的に敗訴が確定する。

　このような場合，慌てずに対処するためには何が必要だろうか。ひとつの答えは，「記録」である。売買契約の際，契約書を取交すことが多いが，契約書も一種の記録であり，そこにどれだけ具体的かつ明確に目的物，対価，条件等が記録されているかは極めて重要である。いつ，だれが，なにを……といったことを簡潔明確に記載すること，相手に対して有する権利と負う義務を明確化することが重要となる。

　だが，業界の慣行から詳細な契約書は取交わさない場合や営業担当者が契約交渉を行い社内稟議で決裁を受け，契約書も業界や社内でつくられたひな形通り，という場合もあろう。また，継続的に取引をする相手とは，取引基本契約を締結した後は注文書と請書で個別の取引を行うという場合も多い。

　このような場合でも，取引に至るまでの経緯が当事者のメールのやり取りや覚書，社内の稟議書，業務日報などに記されているはずである。特に業務日報については，多くの会社で「意気込み」が書かれる場合が多い。だが，従業員は取引先との紛争が生じる可能性も踏まえ，取引に関する具体的な事項やそこに至るまでの交渉経緯，合意した内容が判るように記載すべきである。また，担当の従業員が紛争が発生した時に在籍しているとは限らない。転職や定年により退職していることは十分考えられる。その場合，経緯や顛末を聞くことは難しくなるが，丁寧な記録が存在していれば解決の助けになる。

　以上から経営管理者も業務日報や稟議書について漫然と目を通すのではなく，紛争のリスクの有無を判断し，問題がある場合，早い段階で法務部や弁護士に相談し訴訟リスク自体を低減するべきだろう。

⑶　法務部の役割

　比較的大規模な企業や金融・不動産等，その業務について強い規制を受ける業種の場合，独立した法務部が置かれることが多い（中小企業では総務部が兼ねていたり，係が置かれていたりする）。

　法務部は，例えば，社内の各種規程や手続の整備，株主総会等の会議体の業務，許認可や役員変更登記等の社内外の法的手続業務のほか，日常的な各種契約書の作成やチェック，社内での法務相談や訴訟対応，教育業務を担うことが多い。

　契約書の作成やチェック，そして，業務に関する法務相談や教育業務は紛争の予防につながる側面が強く，これらが有効に機能すれば紛争を防いだり，紛争が起きたときに生じるコストを大いに減じることができる。

　また，紛争が生じた場合，どのような経緯によるもので，どのような主張をしたいと考えており，どのような証拠を提出できるか，について法務部が把握し取纏めることも法務部の重要な役割である。弁護士が専門家であるとしても，依頼者が何を望みどのような主張をしたいのか伝えることができなければ，困ることに加え，証拠の存在を把握できるのは原則として依頼者のみである。

　日常の業務においても訴訟対応においても，文書を整理した上で管理することは重要である。先に述べたメール，覚書，業務日報などは契約に至るプロセスや契約書には明示されていない当事者の合意などを明らかにするために重要となる。

　ほか，例えば，民事訴訟において，相手側当事者が裁判所に対して申立てた文書提出命令（民訴221条）に従わない場合，不利益が生じる可能性がある（同224条）。このような観点から法務部は，日常法務に関するものだけでなく，訴訟対応の際に必要な文証の把握と管理を行う必要がある。

⑷　法律ごときに人生を預けるな

　著者が聞き驚いたフレーズの一つに，「法律でできると書いていないから，

してはいけないのでは？」というものがあるが，まるで逆である。法律で規制されていること以外，市民は行い得る。

　このような理解が一般的な日本社会で，「法律で決まっているので……」と言うのは相手に有無を言わさない殺し文句だが，法を政治的な道具としているに過ぎない。つまり，知識を有する側は — 往々にして自らに都合よく — 相手を従わせる（まるめこむ）一種の暴力，あるいはブラフ（はったり）のためにこれを用いている。そして，残念なことに，現在の日本においてこのような法律の用い方があたかも「かしこい」方法であるかの様に考えるという誤解が見られるが，極めて反知性的行為だ。

　また，交渉というプロセスを踏むことなくすぐに訴訟を起こすことは，自らのコミュニケーション能力が低いことを示すだけでなく，社会的な動物であることの放棄である。そのような行為に及ぶ者がまず相談すべき相手は弁護士ではなく心理カウンセラーだろう。

　さらに述べるなら「法律で決まっている」内容は，為政者や権力者に都合がよいものになっていないだろうか。適切な運用がなされているだろうか。「法律だから」と思考停止してしまうほど立法に関わった官僚や政治家を信頼し，歴史ドラマの大岡越前守のごとく裁判官を信頼しているなら格別，例えば，法律の内容や運用に市民が従うべきと言えるだけの正統（当）性や合理性があるかは常に点検が必要である。

　また，少しでも問題（多くの場合，気に入らないこと）があると「法律で規制すべき」と意見するのは，小学校の学級会以下の幼稚さである。立法により対応すべきと言えるほどの現実的なリスクや自己や他者の権利に対する明確かつ一定程度の侵害もないにもかかわらず，サンクション（罰）を伴う立法で解決しようとすることは，同時に自らの自由を切売りし放棄することでしかない。さらに，これを後押しする多数者の暴力という狂気が自らに向かうことが無いとは断言できないことを肝に銘じる必要があるだろう。

Ⅰ－5　ビジネスの展開とルールメイキング

(1)　法律は未来を拓く

　法律は，既に述べた通りビジネスを縛るものと考えられがちである。例えるなら，ビジネスにおいて法律はブレーキのように作用すると考えられがちである。一面においてそれは正しいが一面においては明白な誤りである。

　「第Ⅳ章　会社法」を読む際に留意していただきたいが，会社法が多くの条文をもって各会社の機関について定め，例えば，儲けたお金（利益剰余金）の分配方法について規定している。これは，会社を設立・経営する際に考えるべきことが増えるという意味においてはブレーキかもしれない。だが，設立された会社の社員（例，株式会社の株主）や債権者（例，会社にお金を貸した銀行や社債権者）にとっては，会社法が存在することが予測可能性につながる。つまり，法律に規定があるから，株主は安心して会社に投資し，例えば，銀行は安心して融資することができる。

　また，「第Ⅱ章　民法」で触れる信託において，財産の管理や処分を担う受託者は善管注意義務や忠実義務等を課せられているが，このような「縛り」があるからこそ，受託者の裏切りを懸念することなく財産の管理を受託者に任せることができる。

　つまり，法律が存在し機能することが利害関係人の予測可能性を担保（確保）し，ビジネスにおけるハードルを下げている。考えてみてほしい。もし，法律が全く存在しなければ，私たちは何か活動しようとする度に，例えば，法人を設立したり契約を締結するごとに，全ての利害関係者との間で膨大な量と膨大な内容について合意しなくてはならないことになる。民法や商法があるだけでこのような「厄介ごと」が著しく減少しビジネスが飛躍的に促進される。

(2)　パブリック・コメント

　パブリック・コメントという制度を知っているだろうか？　法律が制定され，

政令や省令が定められる際に一般の意見を求めることが行政手続法で求められており（同法39条。法律では，「意見公募手続」と呼ばれる），これがパブリック・コメント（「パブコメ」と省略されることがある）である。

【参照】「パブリック・コメント制度について」。e-govホームページ：https://public-comment.e-gov.go.jp/contents/about-public-comment/（2023年 8 月15日最終閲覧）。

どのような案件がパブリック・コメントの対象とされているかは，e-govパブリック・コメントで見ることができるが，例えば，ある法律の施行を前に政令や省令が整備される際に市民の意見を聞くといった手続が採られている。

パブリック・コメントが行われる場合，締切り後，一定期間が経過すれば寄せられたコメントとそれに対する対応がウェブサイトで示される。誤解が生じていればより詳しく解説される場合もあるし，適切な内容のコメントであれば政省令の案に対し修正が加えられることすらある。

当然，この手続は予め施行される政省令案の詳細な内容を告知するためだけにあるわけではない。市民からの意見，特にビジネス法に関するものであれば，実務家の意見を集めることで，政省令案が現実に即した内容に修正される。このことは，ビジネスサイドにとって有益であるのはもちろんだが，現実的な立法としたい行政にとっても大いに役立っている。また，パブリック・コメントに対する回答を通じて，立法の狙いや当局の法令の運用方針が明らかとなる。適用対象となる行為の要件等について，詳しく言及されている場合もある。

パブリック・コメントは新規の立法だけでなく改正の際にも行われるほか，地方自治体でも実施されることがある。パブリック・コメントが行われる場合，各省庁のホームページやメールマガジンで告知される。

さらに，法令にもよるが当局から運用に関するガイドラインやマニュアル等が示されることがある。法令と比べるとその位置づけは弱いものだが，実務では重要である。

(3)　ノーアクション・レター

法令適用事前確認手続，いわゆるノーアクション・レターとは，ある事業を

行うことが無許可営業や無届営業等にならないか，あるいは，不利益処分が課されないかについて，事前に照会することができる制度である。

【参照】　金融庁「金融庁における法令適用事前確認手続の導入について」。同庁ホームページ：https://www.fsa.go.jp/common/noact/hourei/annaibunsyo.pdf（2023年8月15日最終閲覧）。

　全く架空の事例だが，A社では人が乗り自動運転できるスーツケースを開発・販売する予定である。公道や歩道での走行も検討しているため，道路運送車両法等を調査し保安設備等をつけたスーツケースが同法に沿うものとなるか等について，同法を所管する国土交通省に対して問合わせるといったケースが想定される。なお，この場合，当然に警察庁から道路交通法等の同庁所管法令に関する見解が示されるわけではないことに留意が必要である。

　また，いわゆるグレーゾーン解消制度というものが存在する。この制度は，産業競争力強化法によるものであり（同法7条），具体的な事業計画についての法令解釈や適用の有無について確認することができる制度で，後になって規制により事業化できないとされることを回避するものである。ただし，全ての法令に基づき合法であることを確認する制度ではないとされる。

【参照】　経済産業省「「グレーゾーン解消制度」,「規制のサンドボックス制度」及び「新事業特例制度」の利用の手引き」。同省ホームページ：https://www.meti.go.jp/policy/jigyou_saisei/kyousouryoku_kyouka/shinjigyo-kaitakuseidosuishin/230308_tebiki_sankyohou.pdf（2023年8月15日最終閲覧）。

　この制度は，活発に利用されており行政からの回答が迅速であることは，極めて高く評価されるべきであろう。

⑷　自主ルール

　業界のプレーヤーが会員となる業界団体が自主的に倫理規程や自主ルールを制定する場合も多い。これらは，業界を構成する企業が法令よりも厳格なルールや法令には書込まれていない，そして，もちろん適法な実務的な慣行をルール化するものである。当初は，業界のリーダーシップを担う会員企業が自主的に定めるものであることも多いが，徐々に業界において規範化され，その業務

に携わる者の常識や共通認識になることも多い。

　法学の世界でソフト・ローという言葉が用いられて久しいが，業界団体が中心となってこれらのルールを策定することは実はかなり昔から行われている。業界団体によっては，倫理委員会や綱紀委員会を設け違反した会員にペナルティを課すこともある。勤務先や自らが営む企業が属する業界や加入している業界団体の倫理規程，自主ルールについて確認し，例えば，社内規程を整備する際に反映することを検討する必要があろう。

　また，新たな法令が整備された場合や新しい仕組みのサービス，商品が産まれたとき，業界団体は法令を所管する行政庁と調整し，解釈や実務の指針となるFAQや通知・通達を公表することがある。

　このような業界団体のFAQや通知・通達については，直接的に所轄官庁と調整・確認したとは記載しないことが多いが，会員企業に違法な行為を勧めるわけには行かないため，事前に調整等をしていることが大半であろう。

　なお，以上で述べた制度には，適用の限界がある。多くの場合，そこで記された事例に限った当局の見解であるため，類似の事例についても同じ見解が下される保証はない。そして，違法行為を行うと，行政処分や刑事制裁を受ける可能性が残ること，関連省庁の所管法令については確認の空白が生じることに留意が必要となる。

コラム 2

　「ロビイスト」という仕事がある。新たな制度づくりや法令等の制定・改正時に議員や行政庁に対して働きかけることが主な業務だ。

　ただし，ある政策を要望する場合にはロビイストの属する業界の利益だけでなく社会全体の利益を明確に説明し，理解してもらうことが必要となる。

　黒子のような仕事であり，悪いイメージを持つ人もいるが，政策にリアリティを持たせるための重要な職業である。

Ⅱ－1　民法概論

(1)　民法の構造

　民法は市民間に適用される私法の一般法（⇔特別法）であり，商法とともにビジネス法を基礎づける重要な法律の一つである。

　民法の全体像として，第一編から第五編までそれぞれ総則・物権・債権・親族・相続により構成されていることを六法で確認してほしい。このうち，総則・物権・債権を財産法，親族・相続を家族法と呼ぶことが多い。

　民法はパンデクテン方式が採用され，各編において共通することをその編の第一章の総則に置き，全体に共通する事柄を第一編総則に置く。パンデクテン方式では，条文が整理されるためその数が圧縮されるが，法を適用するために六法を参照する場合，各編の該当条文だけでなくその編の総則，そして，第一編の総則にもあたらなくてはならない。そのため，学習の際は繰返し六法にあたり慣れることが重要となる。

　また，民法は主に誰がどのような権利を有し義務を負うかを明らかにするという意味において実体法である。どのような権利義務関係を有するかが明らかになったところで，これを具体化するためには民事訴訟法等の手続法が必要となる。権利を実質化するための民事執行法や民事保全法も重要だ。

(2)　民法と関連が深い法律

　民法と関連が深い法律として，例えば，①一般社団法人及び一般財団法人に関する法律，②不動産登記法，③建物の区分所有等に関する法律，④借地借家法等がある。民法だけではなくこれら特別法も民法を理解するための前提となることからその概要を述べたい。

　民法上の法人については，かつては同法に具体的な規定が置かれていたが，いわゆる公益法人制度改革の一環として法律①が制定されたことに伴い法人に関する規定はほとんど削除され，一般社団法人及び一般財団法人に関する法律

に具体的な規定が置かれることとなった（「Ⅱ－2　人と物」を参照のこと）。

　法律②は不動産登記についての詳細を定める。不動産登記は，不動産の権利関係を登記所への手続を通じ不動産登記簿に公示するための制度だが，登記することが権利を当事者以外の第三者に主張（対抗）するための要件となっている（「Ⅱ－6　売買②」を参照のこと）。

　すでに居住の形態としていわゆる分譲マンション（但し，厳密には，区分所有建物＝マンションではない）が選択されることは多いが，主にその権利関係を規律するのが法律③である。マンションを単に民法上の共有関係と位置づけてしまうと権利関係や管理について整理することが困難であることから設けられた特別法である。

　法律④は建物を所有するための土地の賃貸借等や建物の賃貸借について，借手（賃借人等）の保護を目的として制定された。これにより，貸主がその意のままに契約を解除することができないようにされている。また，賃借権が強化され，事実上，物権と同じような効力が付与される（「Ⅱ－9　貸借②」を参照のこと）。

　一般法と特別法の適用ルールとして特別法に規定がある場合，まず特別法を優先的に適用し，規定がない事項については一般法を適用する。例えば，建物の賃貸借契約には借地借家法が適用されるが，建物の修繕については規定がない。そのため，民法を適用することとなる（同606条）。

図Ⅱ－1　関連が深い民法領域 ― 特別法

法　　人 ― 法律①　一般社団法人及び一般財団法人に関する法律
物権変動 ― 法律②　不動産登記法
共　　有 ― 法律③　建物の区分所有等に関する法律
賃 貸 借 ― 法律④　借地借家法

（※著者作成）

　なお，民法の特別法は多くあり，上に掲げたものはその例示に過ぎない点に留意されたい。

Ⅱ-2 人 と 物

(1) 人

　民法には，権利の主体と客体について定めが置かれている。権利の主体として人が挙げられる。人とは，自然人と法人を指す。

図Ⅱ-2　民法上の「能力」

権利能力（民3条1項）：権利義務の主体となれる能力。
意思能力（民3条の2）：法律行為においてその結果を判断できる能力。
行為能力：単独で法律行為を行うことができる能力。

　（※著者作成）

　私たち自然人は，その出生から権利能力を有する（民3条1項）。権利能力とは，権利義務の主体となることができる能力を意味し，老若男女を問わず平等にその人の財産を観念することができる（権利能力平等の原則）。権利能力については，例外的に胎児にも認められる場合がある（同721条・886条・965条参照）。

　また，市民が自らの意思に基づいて自由に法的な関係性を築くことができるという私的自治の前提として，自然人について，意思能力が備わっていることが必要となる。意思能力は，法律行為の結果を判断することができる能力であり，これを欠いて契約等を締結した場合，無効主張が可能である（民3条の2）。

　行為能力とは，単独で法律行為を行うことができる能力を指す。民法は一定の類型の者を行為能力が不十分であるとして保護している。具体的には未成年者（同4条）と成年後見制度が定められており，未成年者は年齢により定型的に保護されるが，成年後見制度においては一定の要件を満たす者が家庭裁判所の審判を受けてはじめて保護される。例えば，「事理を弁識する能力を欠く常況にある者」（同7条）が家庭裁判所の審判を受けると成年被後見人となり，保護機関として成年後見人が付される（同8条）。成年被後見人の場合，「日用品の購入その他日常生活に関する行為」以外の法律行為は成年後見人が代理し

て行い，単独で行った場合，取消すことができる（同9条）。成年後見人が同意した行為であっても，単独で有効に行うことはできない。ほか，被保佐人，被補助人の類型がある。以下に，簡略にまとめたので参考にされたい。

図Ⅱ－3　制限行為能力者のあらまし

	未成年者	成年被後見人	被保佐人	被補助人
定義	18歳未満	事理弁識能力を欠く常況＋家裁審判	事理弁識能力が著しく不十分＋家裁審判	事理弁識能力が不十分＋家裁審判
保護機関	法定代理人	成年後見人	保佐人	補助人
取消対象行為	民法5条で定められた一定の行為	日常生活に関する行為以外	日常生活に関する行為以外＋民法13条1項各号の行為等	日常生活に関する行為以外＋民法13条1項各号の行為の一部等
保護機関の同意権	○	―（無）	○	○
保護機関の代理権	○	○	△家裁が審判で定める。	△家裁が審判で定める。

【参照】　法務省ホームページ：https://www.moj.go.jp/MINJI/a02.html（2023年8月15日最終閲覧）を参照し著者作成。

(2)　法　　　人

　民法上，人には自然人の他に法人が存在する。人の集団を社団，財産の集団を財団という。法人は定款等で定められた目的の範囲内で権利能力を有する（同34条）。法人について民法にはほとんど規定がなく，一般社団法人及び一般財団法人に関する法律に規定が設けられている。同法上の法人の設立については，準則主義が採用され，法に基づく要件を満たせば監督官庁の許可や認可等が無くても法人を設立することができる。

　まず，日常用語としては従業員のことを社員と述べるが，一般社団法人においてその構成員を社員という。また，一般社団法人の根本的なルールである定款に目的や名称等を定め公証人の認証を受ける必要がある（一般社団法人及び一般財団法人に関する法律11条1項・13条）。一般社団法人は株式会社とは異

なり非営利法人であるため，剰余金や残余財産を社員に分配することはできない（同11条2項）。非営利とは，いわゆる営利事業を行えないという意味ではなく，事業から生じた利益を社員に分配できないことを意味する。

　そして，法人はある意味で観念的な存在であることから，事業を行うためには自然人がその頭や手足となる必要がある。一般社団法人の基本的な機関として社員総会，理事（会），監事（会），会計監査人がある。各機関の役割を極めて大まかに述べると，原則，社員総会が一般社団法人の最高意思決定機関，業務を執行する機関が理事（長），その職務執行を見張るのが監事，会計について計算書類等をチェックするのが会計監査人である。合議体を設けるかや会計監査人を付すか等は一般社団法人の規模などによる。なお，法人が成立するのは登記の時である（一般社団法人及び一般財団法人に関する法律22条）。

(3)　物 と 物 権

　人の権利の客体（対象）が物である。民法上，物は不動産と動産に分類される。そして，不動産は土地及びその定着物，不動産以外の物が動産と定義される（同86条）。日本では建物とその敷地の土地はそれぞれ別個独立の不動産であることに留意が必要である。

　物に対する権利としては，物権を観念することができる。民法では物権と債権を厳密に区別（峻別）する。理由は物権が相対的に強い権利であることによる。身近な物権として所有権が理解しやすいので，これを例に考えてみよう。まず，「あなたがこの本を所有している」＝「所有権を有している」ということは，あなたがこの本を読もうが友人に貸そうが古本屋に売ろうが捨てようが自由であることを意味する。また，この本は（誰かとお金を出し合い買ったのでなければ）あなただけの物であり，利用する際に誰かの手を借りる必要もない。所有権をはじめとした物権は，性質に多少の相違はあるもののこのような強い権利である。また，複数の物に対して一の物権が生じることはなく，また，その対象は独立した一つの物である必要がある。これを一物一権主義という。

　このような物権の性質から，誰が物に対して所有権をはじめとした物権を有

しているか判らなければ円滑な取引が妨げられる。そこで，権利関係を対外的に示すための仕組みとして公示制度が用意されている。不動産の公示制度が不動産登記であり，登記・登録制度がない動産の公示制度が引渡しである。

　また，自分が物権を有する物が奪われたとき返せと主張すること（物権的返還請求権），利用の邪魔をするなと主張すること（物権的妨害排除請求権），邪魔されそうなときにあらかじめこれを防ぐこと（物権的妨害予防請求権）の全部または一部が物権の性質に応じて認められ，物権的請求権と呼ばれる。

(4)　物権の種類

　このような物権の強い性質から，「物権は，この法律その他の法律に定めるもののほか，創設することができない」（民175条）とされる。これが物権法定主義と呼ばれる考え方である。

　民法上の物権には，占有権，所有権のほか，用益物権4種類（地上権，永小作権，地役権，入会権），担保物権4種類（留置権，先取特権，質権，抵当権）がある。不動産の賃借権は，債権だが登記できる。

　所有権は，(3)で述べた通り「法令の制限内において，自由にその所有物の使用，収益及び処分をする権利」（民206条）である。

　地上権は，「他人の土地において工作物又は竹木を所有するため，その土地を使用する権利」（民265条）である。例えば，Aが所有する土地について，Aと地上権設定の合意をしたB社が地上権を権原としてその土地上に自らの社屋を建築し所有する，という利用方法が想定できる。これは，賃貸借契約に基づく賃借権ではなく物権である。

　担保物権のうち抵当権（民369条1項）は，C銀行がD社に対し新製品開発のための資金を融資する際，Dの土地，建物（社屋等）それぞれに抵当権設定し，仮にDが返済不能に陥った際には土地や建物の競売を申立て，売却して得た金銭から債権を回収するための物権である。Dは社屋や土地を利用しながら返済でき，Cは担保を確保することができるという点で多く用いられるという非占有型担保物権である（質権について調べ，比較してほしい）。

(1)　債権と契約

　債権とは他人に対し～せよ（～するな）という作為（不作為）を求めることを内容とする権利である。例えば，Ａ（売主）とＢ（買主）との間で売買契約（民555条）を締結した場合，ＡはＢに代金の支払いを請求することができ，ＢはＡに財産権の移転を請求することができる。これらの請求権は，いずれも売買契約に基づき生じる債権である。

　また，Ｃ（大家・賃貸人）とＤ（入居者・賃借人）との間で建物の賃貸借契約（民601条）を締結しているとき，契約の内容としてペットの飼育禁止が含まれているなら，Ｄが当該建物内で勝手に猫を飼い始めた場合，Ｃは飼うなと言えるが，この請求権は賃貸借契約に基づき生じる債権である。

　このように債権は契約から生じるが，契約とは何だろうか。日常用いる約束という言葉の意味とどのように異なるのか。基本的に当事者があることを取決めその内容に従う，という中心的な意味においては契約も約束も同質である。つまり，契約は約束の一類型である。ただし，約束の場合，取決めた内容に従わなかったとしても法（公）的なペナルティはない（例えば，子供が約束を破ったのでお小遣いを減額するといった私的な制裁（？）は有り得る）。しかし，契約の場合，債務の内容を履行しなければ債務不履行となり最終的には裁判等を通じて強制される。つまり，契約とは法的拘束力を有する約束である。

　また，契約の場合，特約も相手方の合意もなければ相手方が債務不履行を生じさせたわけでもないにもかかわらず契約を解除することはできない。つまり，契約という関係から一方的に離脱することはできないことを意味する。さらに，債権者は裁判所に対し履行の強制を請求することもできるし（民414条１項），債務者に帰責事由があり債務が履行できなかった場合，生じた損害の賠償を請求することができる（同415条１項）。

　このような契約から生じる債権には一種の公共性とでも言うべき性質が備わ

り，それゆえに債権は認められるが司法を通じた実現が担保されるわけではない自然債務を観念する余地が生じる（大審院昭和10年4月25日判決，カフェー丸玉事件）。

(2)　債権の発生原因

債権は，どのような原因で発生するのだろうか。ビジネス法を理解する場合，まず，(1)で述べた契約による場合が重要となる。民法はこの他，事務管理，不当利得，不法行為を債権の発生原因とする。

事務管理とは，「義務なく他人のために事務の管理」（民697条1項）を行うことを意味するが，これにより債権が生じるのはなぜか。教科書的設例だが，深夜人通りの少ない道を歩いていたEは見ず知らずのFが倒れているのを発見した。EはFを救助する義務はないが，救急病院に連れて行き診察を受けさせた。Eは必要となった交通費や医療費をFから返してもらう権利があるが，これを請求することができる根拠が事務管理である。

次いで，不当利得とは「法律上の原因なく他人の財産又は労務によって利益を受け，そのために他人に損失を及ぼした」（民703条）場合に，受益者に対して利益の返還を求めることができる，というものである。企業の経営者Gが従業員H，I，Jのそれぞれの銀行口座に給与20万円ずつを送金しようとしたが誤ってHに全額の60万円振込んでしまった。Gは，Hに対し，「40万円はIとJの給与だから返してくれ」と言えるが，その根拠が不当利得である。

最後に，不法行為は，「故意又は過失によって他人の権利又は法律上保護される利益を侵害した者は，これによって生じた損害を賠償する責任を負う」（民709条）ものである。例えば，K社の従業員であるLが仕事のために梯子に上がって作業をしていたところ使っていた工具を落とし，偶然下を歩いていたMにけがを負わせた場合，被害者Mはその作業をしていたLや使用者責任を負うKに対して損害賠償請求をすることができる（同715条）。契約では，契約を締結しているという点において当事者が社会的関係に自ら望んで入っているが，不法行為の場合は異なる。もっとも，不法行為に基づく損害賠償請求は，

債務不履行に基づく請求と請求権が競合することもあり得る。

(3) 債権の性質

　債権は物権とは異なり，その内容を主張することができる相手は債務者に限られる。その意味で，相対的な権利である。また，債権の満足は債務者が協力（履行）することによって得られ，債権者が自己完結的に単独で債権の内容を実現することは不可能である。例えば，(1)で述べた例において，売主であるAが契約当事者ではない者に代金を支払えと請求することはできないし，買主であるBが代金を支払わなければAの債権を満足することはできない。

　契約にフォーカスすると，契約を締結するか否か，誰と契約を締結するか，どのような内容の契約とするか，どのような方式で契約を締結するか等は原則として自由であり，契約の場面において私的自治の原則が顕われたものとしてこのような考え方を契約自由の原則という。

　ただし，殺人の請負契約や人身売買契約の様な契約が認められるわけでもなければ法的に保護されるわけでもない。なぜなら，これらの契約は公序良俗に反し無効だからである（民90条）。また，保証契約は「書面でしなければ，その効力を生じない」（同446条2項）とされている。

　また，物と同じように債権も譲渡することができる（民466条1項）。例えば，N社がO社に対して有する融資債権をP社に債権譲渡したい場合どの様にすればよいか。ここで，留意すべきは①Oが誰に弁済すべきかについて迷わないようにするためにはどうすればよいか，と②NがPだけでなくQ社にも債権譲渡をしてしまった，つまり，債権の二重譲渡が生じたときにどのように交通整理をすべきか，という問題である。①は債務者対抗要件の問題であり，「譲渡人が債務者に通知をし，又は債務者が承諾」（同467条1項）することである。債権者が債務者に債権を譲渡したことの通知等を行えば，債務者は誰に弁済すべきか判る。また，②は第三者対抗要件の問題であり，債権の譲渡を第三者に対抗（主張）したければ，この通知又は承諾を「確定日付のある証書」（同条2項）ですることである。多くの場合，配達証明付内容証明郵便になろうが，こ

れにより債権譲渡の先後が明らかとなる。

⑷　債権の消滅

　契約などから発生した債権が消滅するのは，どのような場合だろうか。

　まず，正常な債権の消滅原因として弁済を挙げることができる（民473条）。例えば，⑴の売買契約において売主Aの買主Bに対する売買代金債権は，売買代金が支払われれば消滅する。

　債権が合意した内容に従って果たされない場合，債務不履行となる。その場合，債権は債務不履行に基づく損害賠償請求権に転化する。

　債権は時効によっても消滅する。主なものとして「債権者が権利を行使することができることを知った時から五年間」（民166条1項1号），「権利を行使することができる時から十年間」（同項2号）で時効消滅する。また，「確定判決又は確定判決と同一の効力を有するものによって確定した権利」の時効期間は10年である（同169条1項）。なお，不法行為については民法724条，同724条の2を参照されたい。

　ビジネスでは自社が有している債権について時効管理が重要となる。取引先が増えれば多くの債権債務関係が発生するが，多くは直ちに履行され消滅する。しかし，例えば，売掛（後払い）により商品を納品したが資金繰りの都合などで代金が支払われていない場合や金銭を融資した場合，債権管理が必要となる。

　時効は援用しなければ効果は生じない（民145条）。そのため，既に時効により消滅した借金ではあるが，「借りたお金なので返す」ということは当然可能である。

　この他の債権の消滅原因としては，相殺，更改，免除，混同がある。特に相殺（民505条以下）について，例えば，R社がS社に対し50万円の売掛金（債権）を有していたところ，今度は取引によりSがRに対し10万円の債権を有することとなった。この場合，Rは代金を支払うのではなく，意思表示により自らが有する債権の一部と10万円の債務を帳消しにして消滅させることができる。

Ⅱ-4　債　権　②　—債務不履行—

(1)　債務不履行

　債権を有していてもその本旨に従って履行されない場合，債務不履行となる。債務不履行は履行不能，履行遅滞，不完全履行の三類型に分けて考えることができる。

　履行不能は，「債務の履行が契約その他の債務の発生原因及び取引上の社会通念に照らして不能であるとき」（民412条の2第1項）で債務者が履行できない場合である。例えば，売主が，売買対象の古田織部（戦国時代の大名で茶人）ゆかりの竹茶杓を耳かきとまちがえてすててしまった場合，再調達することは見込めないため履行不能である。そのため，債権者は履行の強制や履行を請求することはできないが，損害賠償請求（同415条1項），一定の要件を満たせば，填補賠償請求（同条2項）が可能である（例外，債権者に帰責事由がない場合（同条1項但書））。契約成立より前から履行ができない原始的不能の場合についても規定があり，「契約に基づく債務の履行がその契約の成立の時に不能であったことは，……生じた損害の賠償を請求することを妨げない」（同412条の2第2項）。なお，解除のために債務者の帰責事由は求められず，催告も不要である（同542条1項）。

　履行遅滞とは，正当な理由なく履行期になっても債務が履行されないことを意味する。例えば，202X年3月31日というように債務の履行について確定期限が定められている場合，期限到来から履行遅滞となる（民412条1項）。この場合，履行の請求や履行の強制に加え（同414条1項），原則，損害賠償請求が可能である（同415条1項。例外，同項但書）。また，催告したにもかかわらず履行されない場合は解除できる（同541条）。

　不完全履行とは，一応履行されたが内容が契約に沿わないことを意味する。例えば，パソコンを5台分納品する予定であったが，納品された5台とも誤った型式のものであったり，そのうち2台を調達することができず3台のみ納品

された，という場合は不完全履行となる。不完全履行は，部分的な履行であり
追完が可能なら履行遅滞と同じであると考えればよいし，追完が不可能なら履
行不能と考えればよい。

(2)　債務不履行に対する対応

　債務不履行に対する債権者の対応としては，履行の強制（強制履行）（民414
条１項）も選択肢となる。履行の強制の方法として直接強制（例えば，不動産
執行につき民事執行法43条以下），代替執行（同171条），間接強制（同172条）
の方法がある。なお，これらの場合でも損害が生じていれば賠償を請求できる
（民414条２項）。

　債務不履行に関連して，契約の解除とは一方当事者の意思表示によって契約
締結時に遡り，これを消滅させることを指す（民540条）。債務不履行のように
民法等に定められた解除の原因による場合を法定解除といい，契約に定められ
た解除原因による場合を約定解除という。債務の全部が履行不能である場合等，
一定の場合を除き（同542条１項），催告後に解除権を行使する（同541条）。こ
れは，債務不履行に対して契約関係からの離脱という選択肢が付与されたと考
えることができる。解除権が行使された場合，契約締結時に遡ることになるた
め，相手方に対する原状回復義務を負う（同545条１項）。

　損害賠償については，その範囲が問題となるが，「通常生ずべき損害」（民
416条１項）である通常損害と特別損害（同条２項）について規定されており，
金銭賠償の原則が採られている（同417条）。なお，特別損害については「当事
者がその事情を予見すべきであったとき」（同416条２項）に限定され，予見可
能性がある場合に限られる。そのため，「風が吹けば桶屋が儲かる」といった
様に損害賠償の範囲が無制限に拡大するわけではない。

　ところで，債務が履行されない場合に債権者が自力で債権を実現することは
可能か。例えば，自社が取引先に売却した商品の代金が支払われない場合に債
権者が債務者の倉庫に赴き勝手に営業用車両や商品等を持出し売払い，代金を
回収することはできるか。結論から述べると，このような行為は自力救済にあ

たり認められないばかりでなく，民法上の不法行為に該当したり刑法上の犯罪に該当したりする可能性が高い。では，なぜ自力救済は禁じられているのか。

　いくつかの理由が考えられるが一つは強い者の権利は実現され弱い者の権利は実現されない可能性があること（例，ドラえもんののび太がジャイアンに貸した漫画を取返すのは難しい），間違えて第三者の権利を侵害する可能性があること（例，誤って債務者が第三者から預かっていた物を債権者が持出してしまう）が理由として考えられる。また，そもそも市民はその権利の一部を国家の司法権に託しており債務者の任意によらない債権の実現はこれに反すると説くこともできるだろう。

　これに対し，ビジネスでは売主が買主との間で売買契約を結ぶ際，代金の支払いがあるまで，引渡した商品の所有権を売主に留保しておく所有権留保を利用することで代金債権を確保することも考えられる。これは，売買契約の後，商品は買主に渡すが所有権を代金支払いまで売主に留めておくものである。そして，もし代金の支払いが行われない場合，買主の承諾を得て商品を引上げる。

(3)　契約不適合責任

　従前は売買の目的物に瑕疵（キズ）がある場合に買主が売主に負う責任を瑕疵担保責任と位置づけていたが，現在は，目的物が契約で合意した種類，数量，品質を備えていない場合，これを債務不履行の一種として契約不適合と位置づける。

　売買の目的物に契約不適合がある場合，追完請求権（例，修理を請求する権利）とこれがない場合の代金減額請求権が認められる（民562条1項・563条）。また，損害賠償請求権及び解除権行使についても，債務不履行の一般規定によるものとされた（同564条）。そのため，損害賠償請求権の行使には帰責事由の有無が問題となるが，解除権の行使には帰責事由が不要である。

　権利の期間制限は，売主が悪意・重過失の場合を例外として，「買主がその不適合を知った時から一年以内にその旨を売主に通知」（民566条）する。通知とある通り，訴訟の提起までを求めるものではない。

(4)　契約締結上の過失

　基本的に，契約の拘束力が及ぶのは有効に契約が締結された後である。だが，結果として契約締結に至らなかった場合でも，当事者が責任を問われる場合として契約締結上の過失という問題がある。

　有名な事例として，最判三小廷昭和59年9月18日，集民142号311頁では，マンションの購入を希望する歯科医Yが売却予定者であるXとの売買交渉にあたり，当該マンションを歯科医院とするためにレイアウトを示したり，電気容量が不足していることを指摘し，Xがこれに応じ設計変更等を行ったにもかかわらず結局，交渉開始後6か月経過後にYの都合で契約に至らなかったというものである。これについて，裁判所はYの信義則上の注意義務違反を理由にXの損害賠償請求を認めた。

　ただし，ビジネス実務において契約締結上の過失が認められるか否かについては，個別具体的な検討が求められる。その理由は，商取引においてはある程度の駆引きが前提となる「交渉」を経て契約が成立する（あるいは，しない）ので，相手方が信頼を置いたいかなる事柄についても，それが損なわれた場合，直ちに責任追及を認めるわけにはいかないためである。

　また，例えば，メーカーが新製品を開発し，部品メーカーに新たなパーツ製造の発注をかけたため，部品メーカーが新しく工場を建設した。ところがメーカーの新製品は売れず，すぐに生産中止となったためパーツ製造の追加注文は見込めなくなり，工場建設は無駄となった。この場合に部品メーカーが発注者に対して契約締結上の過失を理由に損害賠償請求を行った場合，これが認められるかといえば，その可能性は極めて低いだろう。

> ### コラム 3
>
> 　例えば，ある鼻煙壺のコレクターが清代の水晶に内絵が画かれた鼻煙壺を売るつもりもないのに友人に「10,000円で売る」と意思表示した場合，これを心裡留保という（民93条1項）。原則これは有効だが，友人が「またいつもの冗談か」と思っている場合は無効となる（同項但書）。
> 　意思表示はあったが中身はカラというケースに虚偽表示（民94条）がある。

Ⅱ-5 売　買　①　―売買の基礎―

(1)　売　　買

　売買契約は，売主が目的物の財産権を買主に移転すること，買主が代金を支払うことを約することで成立する（民555条）。その性質は双方が債務を負うという意味で双務契約（⇔片務契約）であり，相互が対価性ある給付を行う有償契約（⇔無償契約）であり，成立に特段の様式を求めない不要式契約（⇔要式契約）である。そのため，契約書等で売買契約を締結するのではなく，口頭であっても売買契約は成立する。にもかかわらず，売買契約書を作成する意義は，後々の紛争を予防すること等にある（「Ⅰ-4　訴訟に備える法務」を参照のこと）。

　売買について考察する際に思い浮かべがちなのは，我々が日常，スーパーやコンビニエンスストアで行う夕食や日用品等の買い物である。商品の所有権の移転と代金の支払いはその場で行われるが，このような売買を現実売買という。

　だが，現実売買において生じるトラブルは，購入した目的物に何らかの問題があった場合などに限られる。なぜなら，商品についても代金についても基本的に取引の場面で確認の上，決済されるからである。そのためビジネスで主に問題となるのは売買契約と目的物の引渡しや代金の支払いが時間軸において同一時点ではない場合である。例えば，企業が本社ビルを他社から購入する場合，売買契約から代金の支払いや引渡しを行う「決済」までは数か月間のタイムラグが生じる。また，小売店がメーカーや問屋から商品を仕入れる場合，取引基本契約を結んだ後は注文書と請書で取引される場合も多い。さらに，月末締めの翌月末払いといった方式で代金の支払いが行われることもまた多い（掛売り）。具体的には7月1日から31日までの売買代金を8月31日までに支払うという様な場合である。このような売買では先に述べた現実売買とは異なり，精算の手間を減らしつつも当事者の公平を維持する観点が必要となる。そして，代金の支払い，つまり決済の際に現金を用いない場合は，「Ⅱ-11　金融取引」で解説する方法が用いられる。

(2)　動産売買

　ここではまず動産売買を前提に解説する。動産とは，不動産以外の物である。

　例えば，メーカーA社が工場内で用いるフォークリフトを調達する場合を想定しよう。Aは，数社から見積りを受けた上でB社と交渉し2023年型RB-79タイプのフォークリフトを1台200万円，3台購入することとして202X年10月1日に売買契約を締結した。納期は同年10月31日である。

　この時，特約がなければ，代金の支払いと目的物の引渡しは同時履行の関係に立つため，Bから先に代金を支払えと言われても，弁済の提供まで代金の支払いを拒むことができる（民533条）。ただし，この同時履行の抗弁権は任意規定であるため特約で排除することもでき，実務上は代金を先払い（先履行）とすることも多い。

　さて，納期に3台とも納車されれば問題はないが，Bの工場からその営業所に目的物であるフォークリフトを移送する際，フォークリフトを載せた同社のキャリアが運転手のわき見運転により自損事故を起こしてしまった。この場合に，3台とも壊れてAに納品できず，例えば，廃版によりメーカーにも在庫がなければ履行不能となる。また，メーカーから同型品を取寄せるために履行が遅れ同日には間に合わなかった場合，履行遅滞となり，2台しか納車できない場合，不完全履行となる。

　履行の強制（強制履行）が可能なのは，履行遅滞の場合と不完全履行で未履行の納車を履行させることができる場合である。履行が見込めないにもかかわらず履行の強制を認めても意義がない。また，履行不能の場合や催告しても履行されない場合，契約を解除することができる。さらに，原則，AはBに対し損害賠償を請求することも可能である。

　ここで，BがAに売買の目的物である動産を売却した後，C社にも売却したという動産売買における二重譲渡の場合にAがCに所有権を対抗（主張）するために必要な要件は何だろうか。動産売買の対抗要件は引渡しであるため（民178条），Aが引渡しを受けていれば第三者であるCに所有権を対抗することが

できる。ここで第三者とは、AとB（当事者）との売買契約におけるC、Bと
C（当事者）との売買契約におけるAである。

　本設例では工場内で利用することを想定したが、フォークリフトが公道を走
行する場合は車両登録が必要である。その場合は、「所有権の得喪は、登録を
受けなければ、第三者に対抗することができない」（道路運送車両法5条1
項）とある通り登録が第三者要件となる。このほか登録制度がある航空機、建
設機械等、登記制度がある船舶も同じである。

(3)　特定物と種類物

　民法上の概念として、特定物と種類物（不特定物）がある。特定物か種類物
かによって適用される条文が異なる場合があるので注意したい。また、学習の
早い段階で、これらの用語を具体例とともにイメージしながら理解することは
非常に重要である。

　まず、特定物とはその物の性質（個性）に着目して取引されるものであり、
例えば、不動産や中古の物が挙げられる。不動産については同じ不動産は世界
に一つしかないため理解しやすいが、例えば、自動車（新車）は均質な工業製
品だが中古自動車の場合は新車とは異なり同年式、グレードであっても個体ご
とに走行距離や事故歴などが異なる。そこで、当事者はその個性に着目して取
引する。特定物の引渡しを求めることを内容とする債権を特定物債権という。

　一方、種類物とはその種類や数量に着目して取引されるものである。例えば、
コーラ1ダースといった場合が挙げられる。種類物の引渡しを求めることを内
容とする債権を種類債権という。なお、「β社の本社内倉庫にあるコーラ1
ダース」の引渡しを求めることを内容とする債権を場合、制限種類債権という。

　種類債権については、「債務者が物の給付をするのに必要な行為を完了し、
又は債権者の同意を得てその給付すべき物を指定したときは、以後その物を債
権の目的物とする」（民401条2項）とある通り、種類債権の特定後は特定され
た目的物の引渡債権となる。ただし、特定物債権に変化するわけではない。

　特定物の売買においてその所有権は契約締結時に売主から買主へと移転する

が（民176条），「不特定物の売買においては原則として目的物が特定した時……
に所有権は当然に買主に移転する」（最判二小廷昭和35年6月24日，民集第14
巻8号1528頁）と解される。つまり，特定時に所有権が移転する。

(4) 特定物について

民法では，特に特定物について規定を設けている場合がある。

例えば，特定物の引渡しの場合の注意義務について，「債務者は，その引渡
しをするまで，契約その他の債権の発生原因及び取引上の社会通念に照らして
定まる善良な管理者の注意をもって，その物を保存しなければならない」（民
400条）として，債務者に善管注意義務を課す。この義務は，例えば，債権者
が受領遅滞にある場合の債務者の義務として「自己の財産に対するのと同一の
注意をもって，その物を保存すれば足りる」（同413条1項）とあるのと対にな
る。文言がやや難しいが，前者は高度な客観的注意義務であるということがで
きる。不動産の賃借人はこの義務を負うが，その意味するところは賃貸借契約
が修了するまで賃借人は部屋の保存について善管注意義務を負うということで
あり，不動産の賃借人が通常負うべき注意義務を果たさなければ債務不履行に
なることを意味する。

このほか，特定物の現状による引渡しを定める民法483条，弁済の場所につ
いて定める同484条1項についても，六法で確認してほしい。

コラム 4

売買契約について考える際，対価性が重視されると言われることがある。だが，当然ながら売
主は原価に利益をのせて（値入れして）販売し，これに対して買主が代金を支払うため，「対
価」的と言えるのか疑問を持たないだろうか？

しかし，注目すべきは当事者の認識の問題であり，買主はその価格について納得して売買契約
を締結しているのだから，利益の部分も含めて対価的な取引であると言ってよい。

ところで本テキストでは触れていないが，売主が本当は24金「メッキ」の指輪であることを知
りながら，騙して購入させる意図で純金の指輪だとして買主に売却した場合，詐欺（民96条）の
問題を検討する必要がある。また，買主がその外観から純銀の指輪をプラチナの指輪だと勘違い
して購入した場合は錯誤（同95条）の問題を検討する必要がある。

Ⅱ-6 売 買 ② ―不動産売買と登記―

(1) 不動産売買の流れ

　不動産の売買は，日常行われている動産の売買とかなり異なる。例えば，製造業を営んでいるＡ社は，新たに工場を建設するための用地を探していた。Ａがその用地の探索を依頼していた a 不動産から売主Ｂ社が所有する大阪府大阪市南淀川区の1,000㎡の土地が売出されていると紹介を受け，ＡはＢと総額7,500万円で202Ｘ年6月1日に売買契約を締結した。引渡しは同年12月1日である。

　不動産のような高額な財産の売買では，交渉を経て売買契約を締結した後，数週，数か月が経過した後に代金の支払い，目的物の引渡し，所有権の移転の登記を行う。この場面を決済と呼ぶ。

　Ａの購入への意向がおおよそ決まった段階で，まず，仲介業者 a が買主であるＡに宅地建物取引業法に基づく重要事項説明（同法35条）を行う。この内容に納得した場合，Ａを買主，Ｂを売主とする売買契約の締結へと進むこととなり，仮に202Ｘ年6月1日に売買契約締結のほか売買代金総額の1割にあたる750万円がＡからＢに対して手付（附）金として交付されたとする。その後，Ａは残代金の調達に務める一方，Ｂは契約内容に応じて対象不動産に担保権等が設定されていればこれを抹消するほか，土地上に売買目的物以外の物があれば移動させたり，土地を測量し周囲の土地所有者との間で境界を確定させたりする。12月1日の決済の際，ＡはＢに対して残代金の支払いを行い，ＢはＡへの土地の引渡しと所有権の移転の登記手続を進める。特に，手付の交付を行う点や売買代金の交付時期，そして，所有権移転登記等は不動産売買における重要なポイントになる。

(2) 不動産売買の特徴

　不動産売買契約に際しては，通常，締結時に手付（附）が買主から売主に対し現金や小切手で交付される。(1)の事例では，1割としたが通常は総額の1～

２割に相当する金額である。手付の意義は，まず売買契約成立の証拠でありこれを証約手付という。また，相手方が契約の履行に着手するまでは，買主はその手付を放棄し，売主はその倍額を償還して，契約の解除をすることができる（民557条１項）。つまり，相手方が契約の履行に着手するまでは，買主が契約解除したい場合は手付を放棄し（手付流し），売主が契約解除したい場合は手付を返還するとともに同額を買主に交付することで（手付倍返し），債務不履行を生じさせずに契約関係から離脱できる。この解約手付については，紛争が生じることもあるため具体的にいつまで解約が可能かを定めることが多い。また，解約手付とは異なり，手付が債務不履行の場合のペナルティとしての違約手付とされている場合もあることに留意を要する。この場合，手付は賠償額の予定（同420条１項）と考えられる。なお，手付は明確な特約がない限りは解約手付と解される。

　売買契約が成立してから，決済において目的物である土地を引渡すまでの間にこの土地が近隣を流れる河川の氾濫で滅失した場合，どのような対応をとることができるだろうか。ここで問題となるのは，売主にも買主にも帰責事由がないにもかかわらず，天災等で目的物が滅失等した場合，そのリスクは売主・買主のいずれが負うのかという危険負担の問題である。ここで，目的物が無くなったのに代金だけ支払わなくてはならないのは不都合である。このような場合，民法536条１項が適用され，「債権者は，反対給付の履行を拒むことができる」ため，買主は代金の支払いを免れることになる。

(3)　不動産登記

　不動産については，特に不動産登記法に基づく不動産登記制度が存在する。不動産物権変動の対抗要件は登記である（民177条）。おおまかに言えば，不動産登記制度とは登記所（法務局等）という役所において整備されている登記簿に権利関係を記録することでこれを公示する仕組みである。そのため手数料を支払えば，誰でも登記事項証明書等の交付を受けることができる。また，登記所には原則として，土地の位置関係を示す地図や公図，土地の面積等を示す地

積測量図，建物の位置関係と形状を示す建物図面も備付けられている。

　登記簿に記録される登記記録は，土地一筆ごと建物一個ごとに調整されるのが原則であり（物的編成主義），対象不動産を特定する表題部，所有権に関する事項を記録する権利部甲区欄と所有権以外の権利に関する事項を記録する権利部乙区欄により構成される。

　(1)の事例の場合，通常，登記義務者（この場合は売主）であるＢと登記権利者（この場合は買主）であるＡがともに所有権の移転の登記を申請する。これを共同申請主義という。なお，いわゆる表題部登記は，多くの場合において義務的登記だが，権利部登記は一部の例外を除いて任意である。つまり，後述の通りＡが所有権を第三者に対抗（主張）したければ，登記が必要となる。

　登記は権利関係を公示するために重要な役割を果たしているが公信力は無いので注意が必要である。例えば，仮に先の土地の登記上の所有権の名義人がＢであったとしても，真の（民法上の）所有権者が別人のβである場合，Ｂと売買契約を締結してもＡは所有権を取得することができない。これは，所有者βの全くあずかり知らないところで虚偽の登記により所有者の名義がＢに変更され，更に知らない間に自らの不動産が売却され，ある日突然現れた購入者Ａから不動産をうばわれることの不条理を考えれば理解できるだろう。

　ただし，虚偽の外観につき真の所有者が気づいていながら長期間放置していた場合や外観の作出に関与していた場合のように帰責性があり，買主が登記を信頼していたといった場合，民法94条２項を類推適用し，買主を保護するという結論が認められるケースもある（最判三小廷昭和45年９月22日，民集24巻10号1424頁）。

(4)　対抗できるとは

　(1)の場合に，売主Ｂが同一の土地をＡだけでなく第三者Ｃにも売却している場合（二重譲渡），誰を所有者とすればよいのだろうか。このような場面ではいずれの契約も有効だが，先に契約したのが買主Ａ（第一売買）であっても所有権移転登記をしていないまま，二番目の買主Ｃが所有権移転登記を受けると

AはCに所有権の主張を行うことができない。この結論は，第二売買における買主Cが第一売買について単に知っている場合（単純悪意）でも同じである。民法は不動産物権変動の対抗要件を登記としているため（同177条），登記には第三者対抗要件としての機能がある。悪意とは「知っている」，善意とは「知らない」という意味である。なお，「第三者」との語の通り，売買の当事者（売主と買主）間で所有権の移転を対抗するためには所有権移転登記は不要である。また，土地の不法占拠者に対し所有権を主張する場合も登記は不要である。

　もっとも，例外的な場面も存在する。不動産登記法 5 条に該当する場合のほか，判例（最判二小廷昭和43年 8 月 2 日，民集22巻 8 号1571頁）における場合のように背信的悪意者は，民法177条における第三者から除外されるため，登記なくして所有権を対抗できる。なお，本判例は，DがEから山林を買受け所有権を取得し占有したが所有権移転登記をしていなかったことを知ったFが，これを奇貨とし，山林をDに高値で売りつけるため購入し登記を経たというものである。最高裁は，「実体上物権変動があつた事実を知る者において右物権変動についての登記の欠缺を主張することが信義に反するものと認められる事情がある場合には，かかる背信的悪意者は，登記の欠缺を主張するについて正当な利益を有しないものであつて，民法177条にいう第三者に当らないものと解すべきところ……，上告人が被上告人の所有権取得についてその登記の欠缺を主張することは信義に反するものというべきであつて，上告人は，右登記の欠缺を主張する正当の利益を有する第三者にあたらないものと解するのが相当」とした。この判例におけるFは，単にDとEとの売買契約を知っていた（単純悪意）だけではなく，この状況を利用して山林をDに売付け利益を得ようとしていた点において背信的であるとの法的評価を受けたと考えられる。法，そして司法の本質的意義から，Fの行為は経済的な競争を越え，最早，保護に値しないと判断したと見るべきであろう。

Ⅱ-7 売 買 ③ —代理や類似の概念—

(1) 代理の概要

　例えば，ビジネスの地理的範囲が拡大する場合，具体的には大阪でビジネスを行っていたが東京でも行う場合には支店や営業所を新設するという方法もあるが，新しい市場に詳しい者を代理人として，自らに代わってビジネスを行ってもらうという方法も選択肢となる。また，訴訟や登記といった専門的な業務を弁護士や司法書士に依頼する場合も代理人となってもらうことが利便にかなう（任意代理）。成年後見人が成年被後見人の代理となって法律行為を行う場合がある（法定代理）（「Ⅱ-2　人と物」を参照のこと）。

　代理の基本的な構造は，①本人が代理人に代理権を授与する（授権行為），②代理人が相手方に顕名を行う（例，○○の代理人の××です），③代理行為を行う，というものである。この要件を満たした場合，意思表示は，「本人に対して直接にその効力を生ずる」（民99条1項）。なお，商法上の代理である商事代理の場合は，顕名は不要である。

図Ⅱ-4　代理の基本構造

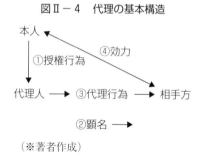

（※著者作成）

　代理については，代理権の授与（授権行為）の法的根拠について疑問が生じる。民法において，代理は総則に規定が設けられているが，代理権の授与がどのような法律行為に基づくのかは，条文において明かとはされていない。

　委任契約に基づき代理権が授与されるということは理解しやすいが，雇用契

約や請負契約のような労務提供型の契約により，広く代理権が授与されると考えてよいか，考えてみていただきたい（「Ⅱ-10 委任・請負・雇用」を参照のこと）。

(2)　無 権 代 理

　代理はとても便利な制度だが，便利さゆえのトラブルも生じうる。例えば，製造業を営むA社のところに，突如，見知らぬB社から「御社の代理人であるC商店と売買契約を締結し，今月末が納品期限となっているが，納品の予定時刻や場所はどうなっているか？」と問合わせが来たとしよう。この場合に自ら契約した覚えも，Cを代理人とした覚えもない場合にAはBからどのような責任を問われるのだろうか。

　当然だが，この無権代理の場合の自称代理人CとAは関係がないため，本人であるAが責任を負う必要はない。Bから責任を問われるのは自称代理人，つまり，無権代理人Cである。無権代理人は相手方Bの選択に従い，「相手方に対して履行又は損害賠償の責任を負う」（民117条1項）。

　ただし，相手方Bは，本人Aに対して「相当の期間を定めて，その期間内に追認をするかどうかを確答すべき旨の催告をすることができる」（民114条）。もちろん，確答しなかった場合は拒絶とみなされるが（同条但書），追認した場合，本人に効果帰属することとなる。つまり，無権代理の場合でも，本人は追認権を有している。

(3)　表 見 代 理

　表見代理によってもトラブルが生じる可能性がある。まず，代理権授与の表示による表見代理とは（民109条1項），本人が表見代理人に代理権を授与していないにもかかわらず，相手方には代理権を授与したと表示した場合である。相手方が代理権のないことにつき善意無過失なら保護される。権限外の行為の表見代理（同110条）とは，例えば，建物の賃貸借契約に関する代理権を付与したにもかかわらず，代理人が当該建物の売買契約を締結した場合のように，

権限を越えた法律行為が行われ相手方が応じた場合である。相手方が善意無過失の場合，保護される。代理権消滅後の表見代理（同112条1項）とは，代理権は付与されていたがその消滅後に表見代理人がこれを知らない相手方と法律行為を行った場合で，相手方が善意無過失の場合，保護される。

　では，次のような例の場合は，どのように対応すればよいだろうか。

　本人Dは表見代理人Eに代理権を授与していないのに，相手方Fに対してEに代理権を授与したと表示した。Eが代理人であるとして行った法律行為は代理権の範囲を超えるものであったがFはEの行為は有する代理権の範囲内であると信頼した。このような場合，代理権授与の事実自体が無く本人が代理権を授与したと表示した内容を超える法律行為が行われたことになる。相手方は表見代理人にその範囲の代理権があると信ずべき正当な理由がある場合，保護される（民109条2項）。

　本人Gは表見代理人Hに代理権を授与していたが，代理権が消滅し，その後にHが代理人であるとして行った法律行為は消滅まで有していた代理権の範囲を超えるものであった。だが相手方IはHの行為は有する代理権の範囲内であると信頼した。このような場合，すでに消滅した代理権に基づいて，その範囲を超える法律行為が行われたことになる。相手方は表見代理人にその範囲の代理権があると信ずべき正当な理由がある場合，保護される（民112条2項）。

(4)　類似の概念

　民法に直接の規定はないが，使者という概念が用いられる。使者は自ら意思決定を行っているわけではなく，本人が決定した意思を伝えるだけである。例えば，商取引において何の肩書もない，いわゆる新人の従業員が取引の相手方に赴き「商談」を行う際，大口取引の契約条件の交渉を行い契約を締結することは非現実的だ（もっとも，支店長や販売部門の部課長なら話は異なる）。いわゆる御用聞きやお使いに留まる様な場合，これは使者とみてよいだろう。

　仲立人は商法上の概念で，「他人間の商行為の媒介をすることを業とする者」（同543条）である。仲立人が行う営業が仲立営業である。代表的な例は，

宅地建物取引業者（以下，「宅建業者」）が行う仲介（媒介）業務である。例えば，売主が宅建業者に依頼した場合，買主を探索し売買契約の成立のために尽力するが，売買契約の当事者になるわけではない。宅建業者は，代理の態様を採る取引も行うがもっとも一般的なのが仲立（媒介）である。

図Ⅱ－5　仲立営業

売却希望者J ◀▶ 宅地建物取引業者L ◀▶ 購入希望者K
◀──────── 売 買 契 約 ────────▶

※　宅建業者Lは売却希望者Jと購入希望者Kとの間で売買契約が成立するよう尽力する（売買契約の当事者ではない）。
※　JとL，KとLの間に仲立契約（媒介契約）が結ばれる。
※　厳密には，宅地建物取引業者は民事仲立人であることが多い。

（※著者作成）

問屋とは商法上の概念であり，「この章において「問屋」とは，自己の名をもって他人のために物品の販売又は買入れをすることを業とする者をいう」（同551条）。代表的な例は，証券会社が行うブローカー業務である。例えば，顧客Mがある上場企業α社の株式＠100円を100株で買付ける発注を行った場合，N証券会社は，例えば，東京証券取引所で法律上は自らの発注として売買を行うが経済的には顧客に帰属する。なお，問屋は日常用語として用いられる問屋（とんや），すなわち卸売業とは異なる。

図Ⅱ－6　問　　屋

発注者M → α社の株式100株（＠100円）→ N証券 → 発注 → 東京証券取引所
（売主側は省略）

（※著者作成）

コラム5

　前項（Ⅱ－6）で解説した不動産売買をはじめとした不動産の取引では，媒介（仲介）契約が用いられる。
　本文中では1つの宅地建物取引業者しか登場しなかったが，実際は売主，買主がそれぞれ別の業者と媒介契約を結び，相手方の探索を行うことが多い。また，重要事項説明のため，各種の調査（市町村役場，法務局調査，現地調査）も行う必要がある。
　不動産取引では，宅地建物取引士が重要な役目を果す。

Ⅱ-8　貸　借　①

(1)　借りる契約

　借りる契約の類型は様々である。一般的にイメージしやすいのは，レンタカーのような賃貸借契約だが，友人から無償で漫画を借りるような使用貸借契約や銀行からお金を借りる利息付金銭消費貸借契約もある。

　企業がビジネスの拡大のために銀行からお金を借り，定められた期限までに返済する契約を締結することは多い。負債性の資金調達としての借入である（株式の様な資本性の資金調達は原則として返済が不要となる）。この場合，企業は，一定の金額の金銭を主に金融機関から借入れ，同額の金銭（と利息）を返還することを契約の内容として金融機関と借入契約を締結するが，これは「書面でする消費貸借は，当事者の一方が金銭その他の物を引渡すことを約し，相手方がその受け取った物と種類，品質及び数量の同じ物をもって返還をすることを約する」（民587条の2第1項）という書面でする消費貸借契約である。その場合，特約で利息を付す場合がほとんどで，これを利息付金銭消費貸借契約という。

　また，企業が土地や建物を経営者（例，代表取締役）等から無償で借りて利用することもある。特に中小零細企業の場合，経営者個人と法人の関係が現実には未分化で経営者が所有する不動産を社屋や工場の敷地として利用するケースは多い。このような場合，その経営者と企業（法人）との間で使用貸借関係（民593条）が生じる。使用貸借の借主は賃貸借との比較において保護が薄いため，後々の紛争防止のため契約で手当てすることが必要となる。

　本項では，「当事者の一方がある物の使用及び収益を相手方にさせることを約し，相手方がこれに対してその賃料を支払うこと及び引渡しを受けた物を契約が終了したときに返還することを約する」（民601条）ことを契約内容とする賃貸借についても解説する。

　なお，身近な人が事業を営んでいる場合，リース契約という言葉を聞いたこ

とがあるかもしれない。オフィスで利用するパソコンや複合機等のほかにも，自動車や什器など様々な分野でリース契約が用いられる。リース契約はその名称の通り「借りる」ことを内容とする契約ではあるが，金融の側面が強いことから，「Ⅱ-11 金融取引」で詳しく述べる。

(2)　お金を借りる

　お金を借りる契約は(1)で述べた通り金銭消費貸借契約であるが，銀行をはじめとした金融機関からの融資は，基本的に利息の支払いが求められる。また，約束の期日までに弁済できない場合，高率な遅延損害金の支払いが求められる。金利とはいわば「お金を借りるコスト」でありリスクが高い融資ほど金利も高いのが通常である。このことは，不動産等を担保としてお金を借入れる銀行融資（例えば，住宅ローン金利）と無担保でもお金を借入れることができる消費者金融の一般的な金利水準を調べ，比較すると理解できるだろう（担保については，次項参照）。また，遅延損害金とは返済が滞った際のペナルティを事前に定めておくものであり，賠償額の予定にあたる。

　民法では，消費貸借について，「当事者の一方が種類，品質及び数量の同じ物をもって返還をすることを約して相手方から金銭その他の物を受け取ることによって，その効力を生ずる」（同587条）と規定し，要物契約であることが原則とされる。だが同時に銀行等における金融実務等を念頭に先の規定（同587条の2第1項）を置き，書面による諾成的契約としての消費貸借契約をも位置づけている。実務においては，むしろ後者の方が重要であると考えられる。

(3)　確実な回収

　融資だけでなく，掛けによる取引を認める場合，どの程度まで相手方との取引規模を拡大してよいか与信し，これを継続的に管理することが重要である。その上で，債権が生じる場合，特に比較的高額な債権が一定期間を越えて生じるときはその回収を確実なものにするため担保を用いる。担保は人的担保と物的担保に分けることができる。

人的担保とは保証や連帯保証であり，物的担保とは抵当権や質権等である。同じ担保という語は用いているが，人的担保は人の経済力や資産を当てにしている点で変動しやすい一方，物的担保は物の価値を当てにしているため人的担保ほど流動的ではない。

　まず，人的担保のうち保証契約により保証人となった者は主債務者が債務を弁済できない場合，弁済する責任を負うこととなる。ただし，仮に債権者が債務者に請求する前に保証人に請求してきた場合，保証人は，まず主債務者に請求することを求めることができ（催告の抗弁）（民452条），また，保証人が主債務者に弁済能力があり容易に執行できることを証明した場合，先に主債務者の財産について執行をしなければならない（検索の抗弁）（同453条）。連帯保証人の場合これらの抗弁権はない（同454条）。なお，銀行が法人に融資する際，経営者に（連帯）保証を求める理由は，経営に責任を持たせる意味もある。融資した資金を経営者が私的流用し，債務者である法人は倒産した，というケースを考えてみて欲しい。

　物的担保の代表は抵当権である。抵当権は担保物を債権者の手許に置くことなく担保に供することができるため便利だが（非占有型担保物権），民法においてその対象は原則，土地と建物に限られる。融資する際に債務者や第三者が有する不動産に抵当権を設定し，債務が弁済できなければ抵当権が実行される。担保の目的物である不動産は競売により売却され，売却代金から優先的に債権が回収される。抵当権が設定される不動産は債務者が所有する物でなくてもよい。例えば，会社の経営者など債務者以外の者が物上保証人としてその不動産を担保に提供することがある。

　抵当権については，他の担保物権とは異なり一つの不動産に順位の異なる複数の抵当権を設定することが可能である。例えば，1億円の価値がある土地に1千万円の債権を担保するための抵当権だけが設定されている場合，大きな担保余力が残されている。そのため，第二順位（以下）の抵当権を設定することができる。ただし，競売の際の配当は抵当権の順位によるため，一番抵当の抵当権者から優先的に配当される。

　ほか，一定期間に生じ消滅する債権を包括的に担保するための制度として根
保証，根抵当という制度がある。

⑷　賃　貸　借

　有償で物を貸す・借りる場合に用いられるのが賃貸借契約であり（民601条），
有償・双務・諾成契約である。

　賃貸人は，使用収益させる義務の他，修繕義務を負う（民606条1項）。賃借
人は，賃料を支払う義務のほかその物の用法を遵守して使用収益しなければな
らない。なお，賃料の支払いは後払いが原則であるが（同614条），実務上は特
約により先払いとすることが多い。また，保管にあたり善管注意義務を負う
（同400条）。

　賃借物については，賃借人の費用償還請求権（同608条）が問題となること
がある。必要費と有益費について考える必要があるが，必要費とは使用収益す
るために必要な費用であり，有益費とは目的物の改良のための費用である。必
要費は，貸す義務を履行するため賃貸人が負担すべきで，直ちに償還を請求す
ることができる（同608条1項）。一方，有益費は，契約終了時に価値の増加が
認められれば，賃貸人が投下費用か増加額かを選択して償還する（同条2項）。
例えば，（特約がなければ）借りた建物に経年劣化で雨漏りが生じたために，
一旦賃借人が負担した修繕費用は必要費だが，貸借人が腰が痛いため和式トイ
レを温水洗浄便座付の洋式トイレに交換した場合，有益費の償還の問題となる。

　賃貸借の存続期間は強行的に50年とされる（民604条1項。一定限度で更新
可。同条2項）。賃貸借契約は，賃借物の全部滅失（同616条の2），期間の経
過，解約申入れにより終了する（同617条・618条）。契約解除に遡及効は無く，
将来に向ってのみその効力を生ずる（同620条）。賃借人は目的物を賃貸人に返
還する必要があるほか，民法621条に従い原状回復義務を負う。ただし，同条
にもある通り通常減耗や経年劣化は原状回復義務に含まれない。

Ⅱ-9 貸 借 ② 　―不動産の賃貸借―

(1) 借地借家法

　借地借家法は，その目的規定に挙げられている通り「建物の所有を目的とする地上権及び土地の賃借権」，「建物の賃貸借」（同１条）に適用される。同法は民法の特別法であり，その基本的な理念は弱い立場に置かれることが多い土地や建物の賃借人と建物の保護にある。

　ビジネスにおいても，他人の土地を借りたり土地に地上権の設定をさせてもらい社屋や工場を建てることがある。また，どのような事業分野であれオフィスや店舗を借りたり住宅を社宅として借上げることがある。

　土地や建物を借りる側からすれば，事業や生活の必要に応じ一定期間利用できることが要件となる。だが，借りる契約に基づき賃借人が得るのはあくまでも賃借権（債権）にすぎず，「売買は賃貸借を破る」との言葉通り，土地や建物を所有者が他の者に売却後，新たな所有者（所有権＝物権）に賃借権を対抗することはできない。賃貸借契約という契約は債権の世界の話であり，これを締結したのは，あくまでも元の所有者と賃借人だからだ。また，賃借権は債権であるものの登記できるため，登記していれば新しい所有者に対抗できるが，これに同意する所有者（賃貸人）は稀であろう。

図Ⅱ-7　売買は賃貸借を破る

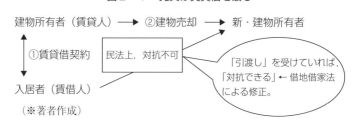

（※著者作成）

　そこで，冒頭述べたような場合には借地借家法が民法より優先して適用され，建物の引渡しを受けていれば，賃借人は新たな所有者にも権利を対抗できる。

ただし，借地借家法に規定がない事柄については，民法が適用されるためその双方を参照する必要がある。

(2)　借　　　地

借地借家法において，「建物の所有を目的とする地上権又は土地の賃借権」（同2条1号）が借地権とされている。そのため，例えば，青空駐車場等に利用するため土地を借りた場合，同法の適用はない。

土地所有者Aから借地人Bが賃貸借契約に基づき土地を賃借し，Bが同土地上に建物を建てた場合，土地の賃借権の対抗要件は建築した建物の登記である（借借10条1項）。この建物の登記は，建築主である借地人Bが自己の建物を登記するものであるため単独で行える。

また，借地の存続期間については強行的に，当初は最短30年（借借3条），最初の更新は最短20年，その後の更新は最短10年とされている（同4条）。土地上に建物がある場合は原則として借地人の更新請求が認められ（同5条），借地権設定者（土地所有者）が借地人の更新請求に遅滞なく異議を述べたとしても，いわゆる「正当事由」がなければ更新拒絶はできない（同6条）。

さらに，借地権の存続期間が満了した場合で契約更新が無い場合，借地権者は借地権設定者に対し，建物等を時価で買取ることを請求できる（建物買取請求権）（借借13条1項）。

借地を借地期間中に使用しなくなった場合，借地権設定者の許可を得て土地賃借権の譲渡や転貸（又貸し）ができる。借地権設定者に不利となるおそれが無いにもかかわらず同意しない場合，借地権者は裁判所に対し，借地権設定者の承諾に代わる許可（代諾許可）の申立てができる（借借19条1項）。

このように徹底した借地人保護法制のため土地の所有者がそもそも土地を貸さないことを選択しがちとなり，効率的な土地の利用が阻害されることが問題となった。そこで，一定の期間だけ建物所有を目的として土地を貸しその後は所有者に返還される定期借地制度が創設された。

⑶ 借　　家

　借地借家法上の借家とは，明らかな一時使用目的の建物（例，選挙期間中だけ用いられる選挙対策事務所）の賃貸借（同40条）を除く建物の賃貸借である。その建物が居住用であれ事業用であれ同法が適用され，賃借人の賃借権が強化される。

　建物賃貸借において賃借人は賃借権の登記を行えるが登記請求権はない。しかし，建物の引渡しを受けていれば，その後当該建物について物権を取得したものに対しても賃借権を主張することができる（借借31条）。つまり，建物賃借権の対抗要件は建物の引渡しである。さらに，「期間を一年未満とする建物の賃貸借は，期間の定めがない建物の賃貸借とみなす」（同29条）ともされる。

　また，借地借家法26条１項は，当事者が期間の満了前の一定の期間に更新しない旨の通知等をしなかった場合，従前と同一の条件で契約を更新したものとみなす旨規定し，同条２項においては，通知があっても期間満了後に建物賃借人が使用を継続した場合で「建物の賃貸人が遅滞なく異議を述べなかったとき」も同様とする。さらに，同28条は建物賃貸借契約の更新拒絶について，「建物の賃貸人及び賃借人……が建物の使用を必要とする事情のほか，建物の賃貸借に関する従前の経過，建物の利用状況及び建物の現況並びに建物の賃貸人が建物の明渡しの条件として又は建物の明渡しと引換えに建物の賃借人に対して財産上の給付をする旨の申出をした場合におけるその申出」，つまり，正当事由を考慮して裁判所が判断するとする。

　このような借地借家法のあり方は，借家人保護に資することは間違いない。だが，立法政策論の観点からは，同法が特に都市部の建物更新の阻害要因となり，例えば，耐震化を遅らせているとも考えられる。

　最後に，建物賃貸借においてトラブルになりがちなのが退去時の原状回復義務，特にその対象である。賃貸借における原状回復の意味するところは，借りた建物を借りた時のままに戻すことを意味するわけではない。いわゆる経年劣化や使用や収益に伴う通常の減耗は，建物から収益を得たその賃貸人が負担す

べきである（民621条括弧書）。

(4)　サブリース

　サブリースの概要は，以下の通りである。まず，サブリース業者がある程度の規模の土地所有者に対し建物の建築と建築した建物の一括借上げを提案することからはじまる。これに応じた土地所有者は銀行からの借入れなどで資金調達を行い，サブリース業者やその関連する建設会社との請負契約に基づきマンション等を建築し取得，その後，サブリース業者が一括借上げし，入居者に転貸する。

　サブリース事業においてテナントからの賃料の合計と所有者へ支払う賃料の差額がサブリース業者の収益となる。そのため，問題となるのは，建物の老朽化や市況の悪化により空室率が上昇したり賃料が下がったりした場合である。このような場合にサブリース業者が大家に対し賃料減額請求（借借32条）を行い得るかが論点となる。

図Ⅱ－8　サブリース

所有者 ←（マスターリース契約）→ サブリース業者 ←（サブリース契約）→ テナント
（賃貸人）　　　　　　　　　　　（賃借人・転貸人）　　　　　　　　　　　（転借人）

（※著者作成）

　この賃料減額請求については，判例（最判三小廷平成15年10月21日，民集57巻9号1213頁）において，サブリースについても適用があり，事業者であるサブリース業者から建物所有者に対して借賃減請求権を行使できるとされた。本件は，いわゆるバブル期の事例に関するものだが，現在も不動産投資でのサブリースの利用がある。

　もっとも，このようなサブリース事業については，近時，賃貸住宅の管理業務等の適正化に関する法律が施行され，事業者は特定転貸事業者（同2条5項）として位置づけられ，誇大広告等の禁止（同28条），不実告知といった不当な勧誘行為の禁止（同29条），契約締結前の重要事項説明義務（同30条），契約締結時書面の交付義務（同31条）が課されることになった。

Ⅱ－10　委任・請負・雇用

(1)　労務提供型の契約

　民法の典型契約に定められた労務提供型の契約として，請負，委任，雇用がある。いずれも現代的な意義を有する契約類型である。

　請負とは請負人がある仕事を完成することを約し，注文者がその仕事の結果に対して報酬を支払うことを約する契約である（民632条）。例えば，注文者が工務店に建物の建築を依頼する場合や企業がシステムやソフトウェアの開発を外部に依頼する際に用いられる。このような契約において，当事者は建物やシステム，ソフトウェアを売買しているのではないことに留意が必要である。

　委任とは，「当事者の一方が法律行為をすることを相手方に委託」（民643条）することである。法律行為とは，一般に権利が発生したり消滅したりする行為（意思表示）である。例えば，契約を締結することは法律行為であるため売買契約をある人に代わり締結することは法律行為だが，単に売買契約書を作成することは事実行為である。

　雇用とは，「当事者の一方が相手方に対して労働に従事することを約し，相手方がこれに対してその報酬を与えることを約することによって，その効力を生ずる」（民623条）とある通り，労働への従事と報酬の支払いの約束が雇用の要件である。民法の雇用に関する規定は10条程しかなく，ビジネスで人を雇用する場合や企業で働く場合，労働法（労働基準法，労働組合法，労働関係調整法等の総体を労働法という）の理解が求められる。

(2)　請　　負

　(1)で述べた請負契約は，有償・双務・諾成契約である。請負人は仕事を完成する義務を負い，注文者は報酬を支払う義務を負う。

　民法上の原則として，請負における報酬の発生は契約成立の時だが支払いは「仕事の目的物の引渡しと同時」（同633条）とされる。しかし，例えば，建築

請負工事等においては，手付金や着手金，中間金，精算金といったように3回以上に分割することが多い。このような支払方法は，多くの場合，労務だけでなく材料も提供する請負人と注文者のバランスをとるために有効に機能しているといえる。請負代金の支払いに関連して，建物の建築請負については特に完成した建物がいつ注文者に移転するかについて，議論があった。特に注文者が材料を提供した場合，請負人が材料を提供した場合について考えてみてほしい。

　また，「請負人が仕事を完成しない間は，注文者は，いつでも損害を賠償して契約の解除をすることができる」（民641条）とある。これは，注文者にとって不要となった意味の無い仕事が継続される無駄を省くものである。その一方で，請負人の報酬請求権を確保する規定により（同634条2号），バランスが図られている。

　請負人が仕事を完成させなかった場合や完成した建物が契約で合意したものと異なる場合，民法559条により売買における規定が準用される。追完請求権により修補等を求めることができ，損害賠償請求や解除を求めることができる。

(3)　委　　任

　(1)で述べた委任は，無償・片務・諾成契約である。委任は，その沿革上の理由から原則として無報酬であり，報酬を請求するには特約が必要だが（民648条），ビジネスにおいては特約により報酬の支払いが前提とされている場合を考えた方がよいだろう。

　以下では，主に受任者の義務について説明していくこととする。

　まず，受任者は善管注意義務を負う（民644条）。これは，委任契約が原則通り無償であっても変わらない。また，復受任者の選任も「委任者の許諾を得たとき，又はやむを得ない事由があるとき」（同644条の2第1項）に限られ，受任者に対する信頼を基本とする制度となる。委任者が請求した場合，いつでも委任事務の処理について報告しなければならず（同645条），受取った物を引渡さなくてはならない（同646条）。

　委任は，委任者，受任者がいつでも解除できるが（民651条1項），相手方に

不利な時期や（同条2項1号），委任者が受任者の利益をも目的とする委任の解除の場合（同項2号），原則として相手方の損害を賠償しなければならない。

　前述の通り委任は原則，無償だがビジネスでは特約により有償の場合が多い。民法は，有償の委任の場合における報酬の規定を設けている。報酬の支払いは原則として後払いだが（同648条2項），着手金と費用を前払いする場合が多い（同649条）。

　委任契約の債務不履行解除については，遡求せず，将来に向って効力が生じる（民652条）。

　日本法においては，代理権の授与がどのような契約を通じて行われるかという法的性質について不明確さが残る。委任，請負，雇用が代理権授与行為と言われることが多いようだが，これらのうち委任以外の場合，直ちに代理権授与行為とは言難いようにみえる。つまり，請負において注文者と請負人との契約に何ら特約も無い場合にここに代理関係を見出すことは難しいし，雇用においても一般に代理権が授与されているとは考えがたいのではないだろうか。

(4)　雇　　　用

　雇用に関し，労働基準法においては，期間の定めのある労働契約とない労働契約がある。例えば，高等学校や大学を卒業し新卒で企業に就職する場合，後者の契約である場合がほとんどだろう。

　労働基準法15条では，「使用者は，労働契約の締結に際し，労働者に対して賃金，労働時間その他の労働条件を明示しなければならない」とあり，その方法として「書面の交付」（同施行規則5条4項）等が挙げられている。

　賃金についても定めがあるほか（労働基準法24条以下），労働時間についても1週間40時間，1日8時間とされており，使用者は労働組合等と36（サブロク）協定を締結した場合，定めるところにより労働時間の延長，休日労働をさせることが可能となる（同36条1項）。この協定の行政官庁（所轄労働基準監督署）への届出は罰則付の義務である。

　また，使用者は労働者に対して安全配慮義務（労働契約法5条）を負うほか，

いわゆる解雇権濫用法理が「客観的に合理的な理由を欠き，社会通念上相当であると認められない場合は，その権利を濫用したものとして，無効とする」（同16条）として条文化されている。

　個人である労働者と株式会社等の事業者である使用者との間には大きな情報や交渉力，資金力の非対称性が存在する。ともすれば使用者は「雇ってやっている」という立場をとりがちであり，不思議なことに — 意識が高い — 労働者自身が使用者側の姿勢になびく傾向があるなかで，労働法は労働者に「下駄を履かせ」てその地位を高めるという重要な役割を果たしている。

　例えば，労働組合法では労働者が労働条件を良くするために労働組合を組織すること（同2条)，団体交渉や争議が当然に認められ，使用者の不当労働行為は禁じられている（同7条)。

　未だにサービス残業という搾取が厳しく取締まられることもなく平然と行われ偽装請負が問題となるなど，労働コンプライアンスは昭和の時代からほぼ進歩していない。労働者が「賃金引上げ」を訴えることも政府が労働行政において払うべき賃金を払わせ，違法・脱法行為を厳しく取締まることもともに重要であり，これらが機能すれば，おのずと賃金・待遇は向上する。

コラム 6

　かつての日本では海外先進国のようにデモやストライキが行われていた。

　暴力は認められないが，労働者が法で制限されていない（むしろ積極的に認められている）「実力行使」をしないことがスマートであるとか，どうせ何も変わらない，といった考えを持つなら，それは勘違いである。私たちの多くは，近代的な「市民」である以前に「無産の大衆」なのであり，何らかの形で（当然，選挙も含め）意思表示をしなければ，一部の者の統治対象だけになってしまう。つまり，自己統治の可能性が否定されるのである。

　デモやストライキというと日本では安直に左翼・活動家とのイメージがあるが噴飯ものである。その論理に従うとイギリスやフランス，アメリカの市民は皆，過激派かテロリストになってしまう。

　労働者の継続的な闘争が「人たるに値する生活」（労働基準法1条）をつくるのである。

Ⅱ-11　金融取引

(1)　金融取引の概要

　取引において最も用いられることが多い決済手段が現金（金銭）である。金銭は価値そのものであり，そのまま流通でき，ハイパーインフレを除けば額面が大きく毀損することがなく，現代では偽造もほぼ困難である。

　だが，特にビジネスにおいて現金は使いづらい側面がある。高額な取引の場合，決済時に物理的に現金を運ぶことは盗難のリスクがあり，さらに重量や体積がかさばる。また，支払う側も受取る側も紙幣や硬貨を数える必要がある。そのため，数千万円程度の決済の場合は銀行を用いて送金することが多いが，送金コストや手間がかかるという問題がある（「通貨の単位及び貨幣の発行等に関する法律」参照）。そのため，決済手段としては小切手や手形取引の他，近時は「でんさい」が用いられるようになっている。

　また，ニュースなどでファクタリングという言葉を聞くことがあるのではないだろうか。これは，有している債権を譲渡（売却）することで現金化するものである。売掛債権等が譲渡される場合が多い。もっともファクタリングにおいて，例えば，A社がB社に対して有する1,000万円の売掛債権をファクタリング業者C社に譲渡（売却）する場合，Aは1,000万円を手にすることができるわけではなく，債権から手数料を引かれた金額をCから受取ることとなる。

　ファクタリングについてはいわゆる給与ファクタリングが社会問題となったほか，事業会社が利用するファクタリング業者についても，債権譲渡（売買）契約になっていない，回収不能時に譲渡人に請求される，手数料が高額である等のトラブルがあり，また，その態様次第では貸金業に該当することが金融庁から周知されている。

　【参照】　金融庁「ファクタリングの利用に関する注意喚起」。同庁ホームページ：https://www.fsa.go.jp/user/factoring.html（2023年8月15日最終閲覧）。

(2)　紙からでんさいへ

　高額な現金を持ち歩くことは(1)で述べたようなリスクがあることから，小切手や手形といった決済手段が発生した。

　小切手を支払いのために利用したい場合，実務では銀行等の金融機関に当座預金口座を開設し，支払いの際に金融機関で交付された小切手に金額，振出日を記載し，自己の署名または記名捺印をして振出す。受取った者は自らの取引銀行等に支払のための呈示を行い，その後，金銭が自らの銀行口座に入金される。高額取引の場合，紛失や盗難に備えて線引小切手を用いることもある。極めて簡単に述べると銀行に，この紙（小切手）を持っている人に，私の口座から記載された金額を払ってください，というものである。

　約束手形とは，小切手と同様の機能に加え，支払期日になるまでは支払われないという意味で金融の機能がある。支払期日まで，お金を借りているのと同様の効果が生じる。約束手形も，金融機関で当座預金口座を開設し，支払いの際に手形に金額，振出日，支払期日，支払地，支払場所，振出人，手形の受取人（名宛人）等を記載し，かつ振出人が署名（自書または記名捺印）して振出す。手形は裏書により譲渡されることも多かった。手形を受取った場合，受取人は支払期日後に取引銀行に取立依頼（呈示）を行えば，入金される。

　なお，支払期日に銀行口座に残高が無い場合，不渡りとなる。6か月以内に2回以上不渡りを起こすと銀行取引停止となり，決済手段を失うため，事実上，事業継続は困難となる。

　ただ，近時は手形や小切手の取引は減少し，「でんさい」へと移行しつつある。でんさいとは，でんさいネットが取扱う電子記録債権だが，仕組みは手形と類似することが多く，手形振出＝発生記録請求，手形裏書＝譲渡記録請求，取立＝口座間送金決済に相当し，支払期日になれば支払企業の銀行口座から受取企業の銀行口座に送金される。

　【参照】　株式会社全銀電子債権ネットワーク「「でんさい®」活用ガイドブック」2頁。でんさいネットホームページ：https://www.densai.net/pdf/pamphlet_A 002.pdf

⑶ レンタルとファイナンス・リース契約

　技術の変化に伴い賃貸借契約を用いたビジネスは身近では無くなりつつある。古くは貸本屋，レコードやビデオのレンタル，比較的近年ではCDやブルーレイのレンタル等が身近だったが，インターネットを利用したサブスクリプションの利用が一般的となっている。現在も身近なものとしては，レンタカーやレンタサイクルがある。レンタカーを利用する場合，お店に行き利用可能な自動車を選び，利用上の注意を聞いたりキズや故障の有無を確認し代金を支払い，約束の時間まで借りガソリンスタンドで満タンにした上で自動車を返却する。返却時に必要であれば精算を行い，キズや故障を再度確認する。

　このような，単純な借りる（賃貸借）契約であるレンタル（契約）とは異なり，リース契約は民法に規定が置かれていない非典型契約（無名契約）である。

　民法には，13の典型契約（有名契約）が列挙されている。このような契約の有する意味はどこにあるのだろう。というのも，契約自由の原則が前提なら，原則としていかなる契約も締結可能であり，わざわざ同法で契約類型を示す意味はないためである。つまり，例えば，売買契約を締結する際に契約内容を民法で定められた通りにする必要がないなら，規定を設けることすら必要が無いはずだ。この点，典型契約を定める意味は契約を締結する際に手本になることに加え，当事者の契約において詳細が定められていない場合に民法の規定で補充する意義がある。また，新しい契約類型が生じた際，解釈の参考にもなる。

図Ⅱ－ 9 　典型契約

契約類型	特　徴	備　考
贈与・売買・交換	対（等）価性	財産の譲渡，移転・交易
消費貸借・使用貸借・賃貸借	借りる	財産の活用，対価性の有無に注意
雇用・請負・委任	労務提供	他者の利用，代理との関連に注意
寄託・組合・終身定期金・和解	その他	

（※著者作成）

　ここで主に触れるファイナンス・リースは，非典型契約（無名契約）の代表
例であろう。解約不能とフルペイアウトの2点が特徴とされる。公益社団法人
リース事業協会（【引用】同協会ホームページ：https://www.leasing.or.jp/information/
kind.html（2023年8月15日最終閲覧））によると，それぞれ「解約不能：リース期
間の中途で契約を解除できない」，「フルペイアウト：ユーザー（賃借人）は，
リース期間中に，リース会社（賃貸人）がリース契約に要した資金……のほぼ
全額をリース料として支払う」と説明される。ファイナンス・リース以外の
リースをオペレーティング・リースという。

　リース契約は典型契約ではないため法律上の定義はないが，具体例を通じて
理解していただきたい。リースを利用したいユーザーAは，リース会社Bによ
る与信審査等を経た上でリース契約を締結した。BはAのニーズに応じてリー
ス物件をメーカーC等のサプライヤーから購入し代金を支払う。C等からは
リース物件がAに納品され利用される一方，Bはユーザーからリース料を受取
る。リース物件の修繕についてはユーザーが責任を負う。

図Ⅱ−10　ファイナンス・リース

　　リース会社B（所有権）→ 発注（売買契約）→ サプライヤーC等（メーカー）
　↓リース↑リース料支払
　　　　ユーザーA（リース物件の例，パソコン，コピー機等）

（※著者作成）

　リースが利用されるのはなぜだろうか。例えば，事業を起業する場合，その
資金を全額用意できたり，銀行等の金融機関から借りることができるとは限ら
ない。また，購入すると，通常，あまり儲かってもいない営業開始当初に多額
の減価償却費が生じてしまうことになる。このような特徴からリースを利用す
るメリットが生じる。

　リースにかかわる当事者の関係を見るとリース会社とユーザーの単なる賃貸
借関係とはやや異なる。リース会社はユーザーに代わってリース物件の代金を
支払い，ユーザーはリース料としてこれを分割払いするという観点に立つと賃
貸借というよりも一種の資金調達手法である。

Ⅱ－12　信託と信認義務

(1)　信託とは

　信託（Trust）とは，中世イングランドのユース（Use）がイギリスやアメリカで発展した制度であると考えられる。日本の私法は，その多くをドイツやフランスから引継いだため，（ヨーロッパ）大陸法系であるといわれるが，信託は英米法，なかでもイングランドのエクイティ（衡平法）に由来する。

　信託の主な登場人物は３者で委託者，受託者，受益者である。まず，信託において委託者は，その有する財産の管理・処分等を目的に信託行為を通じ財産権を受託者に移転する。信託行為には，信託契約，遺言等があるが，信託契約の場合は，「特定の者との間で，当該特定の者に対し財産の譲渡，担保権の設定その他の財産の処分をする旨並びに当該特定の者が一定の目的に従い財産の管理又は処分及びその他の当該目的の達成のために必要な行為をすべき旨の契約」（信託法３条１号）を指す。受託者は，主に信託銀行や信託会社であり，「信託行為の定めに従い，信託財産に属する財産の管理又は処分及びその他の信託の目的の達成のために必要な行為」（同２条５項）を行う。財産権の信託的譲渡等を受けた受託者は，財産の所有者としてその管理・処分を行う。受益者とは受益権を有する者を指し（同条６項），受益権とは「信託行為に基づいて受託者が受益者に対し負う債務であって信託財産に属する財産の引渡しその他の信託財産に係る給付をすべきものに係る債権」（同条７項）を指す。

　条文を参照しながらこの三者の役割を見ると，大変難しく感じる。だが，委託者が有する財産を受託者に信託して移転し法律上の所有者となって財産の管理・処分を行い，その経済的な効果は受益者に帰属するというものである。信託の特徴は財産の管理・処分行為のために，所有権を移転するという手段が目的を超過している点にあると言える。委託者自らが受益者となれば自己のための財産管理手法になるし（自益信託），第三者を受益者とすれば養育や財産承継の手法にもなる（他益信託）。

図Ⅱ-11　信託の登場人物

（※著者作成）

(2)　受託者の義務

　まず，信託の受託者が負う二大義務として善管注意義務と忠実義務がある。

　信託受託者の注意義務については，信託法29条2項に「受託者は，信託事務を処理するに当たっては，善良な管理者の注意をもって，これをしなければならない」との規定が設けられている。これを具体的にみると，受託者が信託事務処理（受託者の業務）の際の注意義務について，善管注意義務が課されていることが明らかとなる。もっともこれは任意規定であり（同項但書），特約でより程度の低い（軽い）注意義務とすることも可能である。

　また，信託法30条においては，「受託者は，受益者のため忠実に信託事務の処理その他の行為をしなければならない」として，受託者の忠実義務の一般規定が設けられている。忠実義務を具体的に考える場合，利益相反行為等が問題となるが，これらについても同法31条と同法32条で例外を認めつつ制限されている。忠実義務は，受託者の地位にあることにより受託者自身が利益を得てはならないことが中核的な内容であると考えれば良いだろう。

　信託において，信託財産は信託行為により委託者の財産から切り離される。また，信託財産は受託者の名義となるものの，あくまでも受益者のために管理・処分する事となるため，受託者自身の財産である固有財産とも別に管理される。したがい，受託者には「信託財産に属する財産と固有財産及び他の信託の信託財産に属する財産とを，……分別して管理しなければならない」（信託法34条1項）とする分別管理義務が課されている。

⑶ 信託の利用

信託法自体は大正期から存在していたが，財産管理制度としては一般的とは言い難かった。その最大の理由は，かつては信託業法で信託銀行が受託できる財産権が限定されていたこと，信託が有する本質的な仕組みにおいて手段が目的を超過していることであろう。つまり，財産の管理・処分をするために，所有権まで受託者に移転することへの（感覚的な）抵抗だったのではないか。

現在は，超高齢社会や事業の後継者不足という背景のもとで，財産承継や事業承継という目的のために委託者の家族や家族を社員とする一般社団法人を受託者とする民事信託の利用が定着しつつある。

例えば，委託者が高齢となり財産の管理が難しくなった場合，成年後見制度の利用（「Ⅱ－2 人と物」を参照のこと）も一つの方法だが家庭裁判所の審判が要件となる等，自由に利用できるわけではない。そこで，民事信託の利用も選択肢に挙がる。例えば，委託者が有する土地及び建物，預貯金，有価証券等を委託者の親族や親族が社員となる一般社団法人を受託者として信託し，委託者が施設や自宅で生活する際に不動産や家計を受託者が管理する。

また，事業承継の場合，信託の利用方法は極めて多様である。例えば，老いた父親が経営している事業について，後継者である次男に引継ぎを進めつつ，妻の生活を維持し，長男や長女にも財産を承継させたいという場合があろう。その場合に，同じく委託者の親族や親族が社員となる一般社団法人を受託者として，父親が有する会社の株式や不動産等を信託し，次男が順調に経営を引継げるようになるまでは父親が指図権を行使しコントロールする一方，配当については妻やその他の子に分配する等の方法がある。

⑷ 信認関係

昔から信託以外の分野で信認関係（あたかも受益者と受託者の様な関係）として挙げられる代表的な事例に依頼者と弁護士との関係，患者と医師との関係が挙げられる。例えば，患者と医師との関係についていえば，患者がどのよう

な疾患にかかっておりどのような治療が有効（最適）かについては，患者はほとんどわからない（はずである）ため，医師に任せることとなる。これを分析的にみると，一方は他方より専門知識が圧倒的に少なく一旦関係が生じると重要な判断についても大きな裁量の余地が生じ，専門職に委ねるような関係と見ることができる。

　信認関係は，主にイギリスやアメリカを中心に発展してきたが，ある者とある者の間に信認関係があるとしても，それにより，何が導かれるのかが問題である。筆者は，信認関係により導かれるのは主に受託（認）者の中核的義務であると考える。具体的には，既に紹介した善管注意義務や忠実義務，利益相反行為の禁止等である。

　この様に信認関係は，依頼者と代表的な専門職との間に生じると考察されてきた。しかし，将来も同様に考えてよいかについては疑問がある。

　まず，現代社会では専門職でなくとも専門的な情報を得ることが以前より飛躍的に容易になったという点を挙げることができる。かつては，例えば，『家庭の医学』，『暮らしの法律』といった書籍しか頼るすべがなかったが，現在は誰でもインターネットで最先端の論文にアクセスできる。そのような意味で，「素人」と専門職との情報格差は大きく減少している。さらに，インフォームド・コンセントの重要性が様々な分野で説かれ，依頼者への情報提供と同意の後に専門職の行為がある。つまり，当事者の交渉力はともかく，情報の非対称性は小さくなっている。

　これとは異なる観点として，日常生活の多くの部分が高度化・複雑化し，医師や弁護士だけが「専門職」ではないという流れもある。半世紀前には存在しなかった職業が専門職（例えば，システムエンジニア等IT関連専門職）となり，反対にかつての専門職はその職をAIに代替されそうになっている。

　依頼者と現代の専門職との関係にも信認関係を適用しても良いのか，という観点からの考察も必要だろう。

第Ⅲ章

商　　　法

Ⅲ-1 商法概論

(1) 商法の存在意義

　民法は，ひろく市民生活・経済生活における経済主体間の利益調整を行う法律であり，私法という法領域に属する。しかし，継続的・計画的に生産・分配ないし供給する役割を担う経済的単位である「企業」の組織や取引からすると，企業特有な生活関係の場面で民法を適用することは不十分であり，場合によっては不適切な場合がある。そのため，企業の需要や特色に対応したものが，商法という法令名がついた商法典（＝形式的意義の商法）である。商法は，民法と同様に，私法という法領域に属し，しかも経済主体間の利益調整をするが，企業に特有な生活関係を対象として規律する法の総体であるとする（企業法説）。それが，実質的意義の商法である。この実質的意義の商法には，商法典だけでなく，会社法，商業登記法，手形法，保険法，国際海上物品運送法，商事条約（モントリオール条約など）などがある。

(2) 商法の構造

　商法は，1899（明治32）年に制定され，その後幾たびかの改正により，商法の規定が独立した法典に移行したため，大幅に条文数が少なくなっている。現在の商法（商法典）は，以下の3編で構成されている。

　まず，「第1編　総則」（1条〜31条）では，通則に続いて，商人の営業活動に関係する商業登記，商号，商業帳簿，商業使用人，代理商などの制度を定める。ただし，会社についてのこれらの制度は，会社法に置かれている。

　「第2編　商行為」（501条〜683条）では，商行為の総則的規定，商取引における特則的な規定，匿名組合に関する規定，さらに，仲立・問屋・運送取扱・運送・場屋・倉庫の各種営業に関する規律を定める。

　そして「第3編　海商」（684条〜850条）では，海上企業の人的組織（海上運送人，その補助者）や物的組織（船舶）に関する規定，海上企業の活動（海上

物品運送)，海上企業の危険に関連する共同海損・海難救助・船舶衝突・海上保険に関する規定が置かれている。

(3)　商慣習法

　慣習法とは，一般に，人々の間で行われる慣習が規範化し，法的確信を伴ったものといわれる。こうした慣習法について，法の適用に関する通則では，「公の秩序又は善良の風俗に反しない慣習は，法令の規定により認められたもの又は法令に規定されていない事項に関するものに限り，法律と同一の効力を有する」(3条)と規定し，効力を認めている。

　そして，商法では，「商事に関し，この法律に定めがない事項については商慣習に従い，商慣習がないときは，民法の定めるところによる」(1条2項)としていることから，商取引において形成された商慣習法は，民法などの民事制定法に優先して適用されることとなる(白地手形の振出の例など)。

(4)　約　　　款

　企業の取引においては，契約は当事者において自由に締結することができる(契約自由の原則)。しかし，企業の取引では，不特定多数の者と，大量に同種の取引を行うので，個別に契約内容を確認しながら契約書を作成したり，締結手続を行うことは非常に煩雑である。そこで，こうした取引を画一的に，そして迅速・効率的に処理する必要があるので，あらかじめ一方的に契約内容を定め定型化した取引条項である「約款」というものが用いられる。取引相手は消費者であることも多いが，通常，約款どおりに契約を締結するか否かの選択の自由しかない(附合契約)。例えば，保険会社や損害保険会社の保険約款，電機やガスの供給約款，金融機関の約款，鉄道やバスの運送約款などがある。

　約款は，不特定多数の者と，しかも大量取引を画一的に迅速・効率的に処理する利点があるものの，取引条項を一方的に押しつける危険性がある。そのため，民法では，「定型約款」という概念を設けて，規定している(548条の2～)。また約款の内容に，行政庁による一定の規制が課される場合がある。

Ⅲ－2　商人と営業

(1)　商人と商行為

　民法は，市民間に適用される私法の一般法という位置づけであるが，そこでは，権利義務の主体を「人」とし，その活動を「法律行為」として構成する。しかし，企業に特有な生活関係を対象とする商法では，民法との適用範囲を画するために，「商人」および「商行為」という概念で構成する。そして，商法は，商行為概念を定め（501条・502条），これを基礎として商人概念を定め（4条1項），商人概念を前提とする附属的商行為を規定している（503条）。

　2005（平成17）年の会社法創設により，会社に関わる事項は会社法で独立して定めることになり，会社は商人（会5条，商4条1項）としたので，商法総則の規定（商11条〜31条）は，会社および外国会社を除いた商人に対してのみ適用されるにすぎない（11条1項かっこ書参照）。

(2)　商人とは

　商人とは，自己の名をもって商行為をすることを業とする者をいう（商4条1項）。「自己の名をもって」とは，その行為から生じる権利義務の主体となることである。そして，何が「商行為」かは，商法501条・502条に列挙されている。「業とする」とは，営利の目的を持って計画的に同種の行為を反復継続して行うことである。つまり，自分自身が権利を得たり義務を負う地位でもって，商法501条・502条に掲げられた行為を，利益を得るために計画的に反復継続して行う人のことを「商人」という（固有の商人）。

　さらに，商人には，固有の商人以外に，店舗その他これに類似する設備によって物品の販売を業とする者および鉱業を営む者を，商行為を行うことを業としない者であっても，商人とみなし，これを擬制商人という（商4条1項）。

(3)　基本的商行為

　商人を確定する概念であるが，①絶対的商行為（501条）と②営業的商行為
（502条）をあわせて，講学上，基本的商行為という。そして，商人がその営
業のためにする行為を附属的商行為という（講学上，補助的行為という）。

①　絶対的商行為

　絶対的商行為とは，商人であるか否かにかかわらず，行為の客観的性質に
よって商行為とされる行為である。商法501条は，絶対的商行為として以下
(a)～(d)に限定列挙している（1号～4号）。この絶対的商行為は，商人では
ない者が，一回限り行った場合でも商行為となり，商法が適用される。

(a)　投機購買・その実行行為（1号）

　　投機購買およびその実行行為とは，利益を得て譲渡する意思（投機意
　思）をもって，動産・不動産・有価証券を買って（投機購買），それを転
　売することで（実行行為），その転売価格の差額の利得を得ようとする行
　為である。しかし，原始的に取得した物を売却する農業者や漁業者の行為
　は，投機購買とその実行行為に該当しない。

(b)　投機売却・その実行行為（2号）

　　他人から取得する動産・有価証券の供給契約を投機売却といい，その履
　行のためにその目的物を有償取得することを目的とする行為を実行行為と
　いう。つまり，買主を見つけて動産・有価証券を高く売ることを約束し
　（投機売却），売買の目的物である動産・有価証券を安く買入れることで
　（実行行為），その差額を利得とすることを目的とする行為である。例えば，
　ある商品10個を3週間後に10万円で売ると約束し（投機売却），その商品
　を10個7万円で仕入れ（実行行為），3万円の差額を得ることである。

(c)　取引所においてする取引（3号）

　　商品取引所や金融商品取引所などの取引所で行われる取引をいう。

(d)　手形その他の商業証券に関する行為（4号）

　　商業証券とは商取引に利用される有価証券で，手形や小切手などがある。

② 営業的商行為

　営業的商行為とは，営利目的で反復継続して行うことにより商行為となるものであり，下記の(a)～(m)の行為である（商502条1号～13号）。

(a)　投機賃借またはその実行行為（1号）

　　これは，賃貸する意思をもってする，動産・不動産の有償取得もしくは賃借，またはその取得もしくは賃借した物の賃貸を目的とする行為である。商法501条1号とは異なり，ここでは，投機の対象が物の利用になっている。例えば，貸衣装，レンタカー，建設機材のレンタルなどである。

(b)　他人のためにする製造・加工に関する行為（2号）

　　これは，他人の計算で製造・加工を引受ける契約である。他人の計算とは，契約の相手方から原材料の供給を受けるか，相手方の資金の提供を受けることである。例えば，食品製造，機械製造，クリーニング，染色などである。

(c)　電気・ガスの供給に関する行為（3号）

　　電機やガスを継続的に供給する契約であるが，水道の供給が含まれておらず，均衡を欠くという指摘もある。

(d)　運送に関する行為（4号）

　　陸海空という場所で，物品運送・旅客運送を引受ける行為である。

(e)　作業・労務の請負（5号）

　　作業の請負とは，不動産や船舶の工事を引受ける契約で，例えば，土木業や建設業である。労務の請負とは，労働者の供給を引受ける契約である。

(f)　出版・印刷・撮影に関する行為（6号）

　　出版物の印刷契約・販売契約，文書や図画を印刷・販売する行為，撮影を引受ける行為である。例えば，出版業，印刷業，カメラマンである。

(g)　客の来集を目的とする場屋における取引（7号）

　　これは，公衆の来集に適する物的・人的設備を備えた場所を客に利用させることを目的とする営業である。例えば，宿泊業，飲食店業，興行場営業，遊技場営業などがある（「Ⅲ－9　場屋営業」を参照のこと）。

(h)　両替その他の銀行取引（8号）

　　銀行取引は，金銭を受入れる行為（受信行為）と，貸し付けなどを行う行為（与信行為）がある。質屋は，銀行取引に当たらないとされている。

(i)　保険（9号）

　　保険は，保険契約者から対価を得て保険を引受ける行為をいう。ここでの保険は，営利保険に限られるので，相互保険会社の保険は含まれない。

(j)　寄託の引受け（10号）

　　寄託の引受けとは，他人のために物品の保管を引受ける行為である。例えば，倉庫業などである（「Ⅲ－8　倉庫営業」を参照のこと）。

(k)　仲立ち・取次ぎに関する行為（11号）

　　仲立ちに関する行為とは，他人間の法律行為の媒介をなすことを引受ける行為で，宿泊契約を媒介する旅行業者，結婚の周旋業者などがある。

　　取次ぎに関する行為とは，自己の名をもって他人のために物品の販売または買入れをすることを業とする者であり，問屋（商551条），運送取扱人（商559条）がある（「Ⅲ－6　企業補助者②」を参照のこと）。

(l)　商行為の代理の引受け（12号）

　　委託者（本人）のために商行為となる取引の代理を引受ける行為をいう。例えば，損害保険代理店である（「Ⅲ－6　企業補助者②」を参照のこと）。

(m)　信託の引受け（13号）

　　信託の引受けとは，委託者から預かった財産の管理・運用・処分を引受ける行為をいう（「Ⅱ－12　信託と信認義務」を参照のこと）。

(4)　附属的商行為

　商人がその営業のためにする行為を附属的商行為という（商503条1項）。営業のためにする行為とは，営業自体を遂行するために必要な行為のみならず，有償無償にかかわらず，営業に関連して行われる行為であればよい。例えば，営業資金の借入れなどである。

Ⅲ－3 商 行 為 法

(1) 企業取引と商行為法

　民法も，商法も同じ私法という法領域にあるが，企業の取引においては，営利性，簡易迅速性，取引の安全性などが要請されることから，商法には，民法の特則的な商行為の規定を置いている（504条〜528条）。代表的なものを取上げる。

(2) 営利性を理由とするもの

① 報酬請求権

　商人がその営業の範囲内において他人のために行為をしたときは，相当な報酬を請求することができる（商512条）。民法では，他人のために委任や寄託などの行為をしても，特約がなければ報酬を請求できないが（648条1項，665条），企業取引では，むしろ有償が通常であろうということからである。

② 利息請求権

　民法の消費貸借契約は，原則としてして無償とされているが（589条），商人間の場合には，貸主は法定利息を請求することができる（商513条）。企業取引の営利性ということからである。

(3) 簡易迅速性を理由とするもの

　簡易迅速性を理由とするものとして，以下の他に，諾否の通知義務（商509条），物品保管義務（510条）などがある。

① 商行為の代理

　商行為の代理人が本人のためにすることを示さないでこれをした場合でも，その行為は，本人に対してその効力を生ずる（商504条本文）。代理の方式について，民法は顕名主義を原則とし（99条），代理人が本人のためにすることを示さないでした意思表示は，自己のためにしたものとみなされる（100

条）。しかし，企業取引においては，商取引の簡易迅速性ということから，企業の継続的な取引においては，本人の名を示すことはむしろ煩雑なので，顕名主義の例外を定めている（商504条但書）。

　なお，民法では，本人の死亡により代理権は消滅するが（111条1項1号），商行為の委任による代理権は，本人の死亡によっては消滅しない（商506条）。企業活動においては，継続させる方が合理的であるからである。

②　商行為の委任

　商行為の受任者は，委任の本旨に反しない範囲内において，委任を受けていない行為をすることができる（商505条）。善管注意義務を負う受任者は，明示的な委任がなくても事情に応じて対応すべきであるから，権限を拡張したと解釈するのではなく，商法505条は民法644条の規程を明文化したものであると解するのが通説である。

⑷　取引の安全保護を理由とするもの

①　連帯債務の原則

　数人の者がその一人または全員のために商行為となる行為によって債務を負担したときは，その債務は各自が連帯して負担する（商511条1項）。民法は，債務者が複数の場合，各債務者は等しい割合で義務を負うが（427条），商法は，信用強化の観点から，債務者の責任を重くして連帯債務とした。

　また，保証人がある場合において，債務が主たる債務者の商行為によって生じたものであるとき，または保証が商行為であるときは，主たる債務者および保証人が各別の行為によって債務を負担したときでも，その債務は，各自が連帯して負担する（商511条2項）。民法は，複数の保証人がいる場合，別段の意思表示がなければ，保証は連帯保証とはならない。しかし，保証人の責任を強化して取引の安全を確保するため，商法は特則として規定した。

②　商人間の留置権

　商人間においてその双方のために商行為となる行為によって生じた債権が弁済期にあるときは，債権者は，その債権の弁済を受けるまで，その債務者

との間における商行為によって自己の占有に属した債務者の所有する物または有価証券を留置することができる（商521条）。民法の留置権は，被担保債権と留置物との間に個別の牽連性が必要であるが（295条），継続的に取引がなされているとする企業取引においては，留置する目的物が被担保債権との関連性がなくとも留置できるようにしている。

(5) 商 事 売 買

商法には，民法の売買に関する規定の特則として，商事売買に関する規定が置かれている（524条～528条）。商事売買とは，商人間の売買のことをいう。しかし，実際の商人間売買においては，通常，約款や商慣習によってなされたり，契約で詳細な事柄を定めるが，そうしたものがない場合に，商法の規定が適用されることになる。商事売買は，売主保護の立場で規定されている。

① 売主の供託権および競売

売買において，買主がいつまでも目的物の受領を拒む場合，商取引の迅速性の観点から，売主に供託または競売（自助売却）の権利を認めて，その引渡債務を免れることができる（商524条）。民法では，原則として供託であり（494条），競売に付することができるのは，目的物が供託に適しない物など等に限定され，その場合でも裁判所の許可が必要である（497条）。

② 定期売買の履行遅滞による解除

定期売買とは，売買の性質（例えば，クリスマス用品などの季節用品）または当事者の意思表示により，特定の日時または一定の期間内に履行しなければ，契約の目的を達することができない売買契約をいう（確定期売買）。当事者の一方が履行をしないために，その時期を経過してしまっては意味がない（役に立たない）ような場合には，相手方は，直ちにその履行の請求をした場合を除き，契約の解除をしたものとみなす（商525条）。

民法の定期売買は，催告をすることなく，直ちに契約を解除することができる（542条。ただし，解除の意思表示は必要）。この規定だと，買主は，解除せずに請求するか，解除をするかという選択ができるが，反対に売主はそ

うした場合を想定して備えなければならないことになる。しかし，商法は，商取引の迅速性から，早期に法律関係を処理させる趣旨である。

③　買主による目的物検査・通知義務

　商人間の売買では，買主は，目的物を受領したときは，遅滞なく，受領した目的物を検査する必要がある（商526条1項）。この検査により，買主が，目的物の種類，品質または数量に関し，契約内容に適合しないことを発見したときは，直ちに売主に対してその旨の通知をする必要があり，それを怠ると，その不適合を理由とする履行の追完の請求，代金の減額の請求，損害賠償の請求および契約の解除をすることができなくなる（526条2項）。また，契約内容に適合しないことを直ちに発見することができない場合においても，買主が6か月以内にその不適合を発見したときも，買主は同様に通知する必要がある。

　民法では，買主は，目的物に契約内容と異なる点があることを発見したときは，売主に対して，契約不適合責任として，(a)履行の追完として目的物の修補，代替物の引渡し，不足分の引渡し（562条），(b)代金減額（563条），(c)損害賠償（564条），(d)解除（同条）を請求できる。商法は，商取引の迅速性の観点から，早期に法律関係を処理させる趣旨である。

④　買主による目的物保管・供託

　商人間の売買において，商品を受領した買主が契約を解除した場合，買主は売主の費用をもって売買の目的物を保管し，または供託する義務を負う（商527条1項）。ただし，目的物が滅失・損傷のおそれがあるときは，買主は，裁判所の許可を得て競売に付し，かつ，その代価を保管し，または供託する必要がある（同項但書）。この規定は，注文した物品と異なる場合や注文した数量を超過した場合に準用される（528条）。

　民法では，売買契約の解除にあたっては，買主は売主に対して原状に復させる義務，すなわち目的物の返還義務を負うだけで（545条），目的物の保管義務という規定はない。しかし，商法は，商取引の迅速性の観点から，目的物の返還より，こうした処理の方が相応しいという理由からである。

Ⅲ−4　商号と商業登記

(1)　ビジネスにおける商号・商業登記

　ビジネスにおける企業取引は，集団的・反復的・定型的に多数の行為が迅速に処理される必要がある。しかし，個人事業主とは違い，会社はみえない存在であるから，取引主体は誰であるのか，そしてその相手に関する情報が必要となろう。そこでビジネスでは，企業が営業・事業活動上において自己を表すために用いる名称として「商号」制度が用意され，そして，その取引相手の商号や本店所在地，取引の権限を持つ者（代表者・役員の氏名），規模などの重要な事項を登記させ，広く公に示すという制度を設けている（商業登記制度）。こうした制度により，法律関係の形成を適法に行われるようにさせるとともに，取引の相手が安心して取引できるようにすることを目的としている。

(2)　商　　　号

①　商号制度

　商号とは，商人や会社が営業・事業活動において自己を表すために用いる名称である。いかなる名称を用いるかは原則として自由である（商号選定自由の原則）。会社を除く商人は，その氏，氏名その他の名称をもってその商号とすることができる（商11条）。そして，複数の営業を営む個人商人は，1個の商号を使用することもできるが，営業ごとに別々の商号を使用することもできる。他方，会社は，様々な事業を複数展開していても，一つの法人として法人格が与えられているので，その名称を商号とする（会6条1項）。
　個人企業の場合，商号の登記をするかは自由であるが（商11条2項），会社は，設立の際の登記事項の一つとされている（会911条3項2号など）。商号も商標登録をすることができ，特許庁へ出願し登録されたときに商標権として保護の対象となり，商標権の侵害に対しては差止請求や損害賠償等が認められる（不競法2条1項1号・3条・4条・14条）。

②　商号の制限

商号を用いてビジネスを継続していると，その商号に対する信用や名声が備わり，商号に経済的価値が発生する。商号を使用する者の利益保護や商号の信頼を保護するため，一定の制限が設けられている。

(a)　同一商号・同一本店の禁止

　　他の者が既に登記した商号と同一の商号であり，かつ，その営業所（会社にあっては，本店）の所在場所が当該他の者の営業所（会社の本店）と同一であるときは，登記をすることができない（商登27条）。

(b)　法人の種類による制限

　　会社でない者は，その名称や商号中に，会社であると誤認されるおそれのある文字を用いてはならない（会7条）。そして，会社は，その種類に従い，その商号中に，株式会社，合名会社，合資会社，合同会社の文字を用いなければならない（会6条2項）。会社の種類によって，社員の責任や機関構造の違いがあるので，それを明らかにするためである。

(c)　使用可能な文字等

　　商号の登記に用いることができる文字などは，日本文字のほか，ローマ字（AからZまでの大文字及びこれらの小文字），アラビア数字，符号（例えば，「＆（アンパサンド）」や「－（ハイフン）」など）で法務大臣の指定するものに限られる（商業登記規則50条，平成14年法務省告示第315号）。

(d)　法令による名称使用制限

　　銀行業，保険業，信託業等の公益性の高い事業については，法令により，当該事業を営む者はその商号中に「銀行」，「生命保険」，「信託」等の文字を使用しなければならず，これらの事業を行うもの以外の使用は禁止されている（銀行法6条，保険業7条，信託業法14条）。

(e)　公序良俗に反する商号の禁止

　　犯罪や反社会的なことを意味するような，つまり公序良俗に反する商号は，使用することができない（民90条）。

(f) 不正競争の目的による商号使用の禁止

　不正の目的をもって，他の商人・会社であると誤認されるおそれのある
商号を使用することは禁じられており，もしこれによって営業上の利益を
侵害され，または侵害されるおそれがある場合には，その侵害の停止また
は予防を請求することができる（商12条2項，会8条2項）。

③ 名 板 貸

　自己の商号を，他人が使用して営業・事業を行う際に許諾することを名板
貸という。自己の商号を使用して営業・事業を行うことを他人に許諾した者
を名板貸人といい，許諾を受ける者を名板借人という。名板貸人は，その会
社がその事業を行うものと誤認して取引を行った善意の第三者に対して，そ
の取引から生じた債務について名板借人と連帯して弁済する債務を負わなけ
ればならない（商14条，会9条）。これを名板貸による責任という。この規
定は，商号を信用して取引を行った取引相手を保護するためのものであり，
権利外観法理または禁反言の法理の考え方に基づくものである。

　その使用の許諾は，黙示のものでもよいとされているが，他人が自己の商
号を使って営業をしているのを知って放置しているだけでは足りず，その放
置が社会通念からみて許されないと考えられる事情が必要とされている。

(3) 商 業 登 記

① 商業登記の意義

　商業登記制度は，商法・会社法その他の法律の規定により登記すべき事項
を商業登記簿という帳簿（現在は磁気ディスクを持って調製）に記載・記録
して，広く一般に公示することにより，商号・会社等にかかる信用の維持を
図り，かつ取引の安全と円滑に資することを目的とするものである（商登1
条参照）。

　企業は，登記すべき事項について，商業登記法の定めるところに従い，商
業登記簿に登記することが必要であり（商8条，会907条），登記事項の変更
や消滅の場合にも登記する必要がある（商10条，会909条）。

　商業登記簿には，商号登記簿，未成年者登記簿，後見人登記簿，支配人登記簿，株式会社登記簿，合名会社登記簿，合資会社登記簿，合同会社登記簿，外国会社登記簿がある（商登６条）。これらは，登記所（法務局，地方法務局，その支局および出張所）に備え置かれる（商登１条の３）。

　そして，何人も，手数料を納付すれば，登記簿に記録されている事項を証明した書面である登記事項証明書などの交付を請求することができるし（商登10条・11条），インターネットを利用して登記事項証明書等の請求を行うことができる。また，登記事項の確認だけであれば，登記提供サービスという有料の制度を利用することで，オンラインで登記事項を閲覧することもできる（この場合，登記事項証明書と異なり，証明文や公印等は付加されない）。

②　登記の効力

　商法・会社法の規定により登記すべき事項は，登記の後でなければ，これをもって善意の第三者に対抗することができない（商９条１項，会908条１項：登記の消極的公示力）。この場合の善意は，登記事項たる事実・法律関係の存在を知らないことであって，過失の有無は問わない。逆にいえば，登記すべき事項は，交通途絶などの正当な事由により知らなかった場合（知ろうとしても知ることができない客観的な事由）を除き（最判昭和52年12月23日判時880号78頁），登記をした後であれば，原則これをもって善意の第三者にも対抗でき，第三者の悪意が擬制される（登記の積極的公示力）。正当事由の立証責任は，その第三者にある。

③　不実の登記

　故意または過失によって不実の事項を登記した者は，その事項が不実であることをもって善意の第三者に対抗することができない（商９条２項，会908条２項）。商業登記制度は，本来は登記事項が真実である必要があるので，その登記事項が不実である場合には何ら効力を持たないはずである。しかし，その登記を信じて取引を行った者を保護する必要がある。この規定は，権利外観法理または禁反言の法理の考え方に基づいている。ここでの善意は，登記と事実の不一致を知らないということであり，過失の有無を問わない。

Ⅲ－5　企業補助者①　―企業内補助者―

(1)　企業内補助者と企業外補助者

　企業の活動を拡大するためには，当然それを補助する者が必要となろう。その企業を補助する者には，大きく分けて，企業に従属しその企業内で補助する者（企業内補助者）と，企業外から補助することを営業とする者（企業外補助者：補助商）がある。企業内補助者としては，商業使用人（会社の場合，使用人）がある。企業外補助者としては，代理商，仲立人（なかだちにん），問屋（といや），運送取扱人があるが，代理商は特定の商人・会社を補助する者であるが，仲立人，問屋，運送取扱人は不特定多数の商人を補助する者である。

(2)　企業内補助者

　活動規模の拡大のために，商人・会社が他人を補助者として使うとしても，その他人がいかなる権限を持っているかを取引ごとに取引相手に確認させることは煩雑であり，取引の円滑化を害する。商法・会社法は，企業取引の円滑化と取引の安全を図るべく，商法では「商業使用人」とし，会社法では「会社の使用人」として制度化し，いずれにおいても，これらの者の営業・事業上の代理権にかかるものが規定されている。

　商業使用人（使用人）とは，営業主である商人（会社）に従属して（指揮命令下にあり）営業・事業活動を補助する者のうち，その商人（会社）の営業・事業上の代理権を有する者であり，その活動を補助する者である。商法・会社法は，①支配人（商20条，会10条），②ある種類または特定の事項の委任を受けた使用人（商25条，会14条），③物品の販売などを目的とする店舗使用人（商26条，会15条）の３つの制度を置いた。

　商法の商業使用人・会社法の使用人にあっては，主としてその者の代理権に関するものであるから，内部的な業務にのみ従事する者は該当しない。

①　支　配　人

㈠　支配人の意義

　商人・会社は，各営業所（会社にあっては，本店・支店）において，その営業・事業に関する包括的代理権を商業使用人（使用人）に与え，自己に代わって営業・事業を行わせることができる（商20条，会10条）。すなわち，商人・会社に代わって，その営業所（本店・支店）の営業・事業に関する一切の裁判上・裁判外の行為をする権限を有する商業使用人・会社の使用人を「支配人」という。これは，支配人の代理権の範囲を法定して（商21条１項３項，会11条１項３項），支配人と取引をする第三者の取引の安全を確保し，支配人を利用した取引の円滑のためである。

　支配人か否かは，包括代理権が与えられたか否かで決まり，その者の名称（例えば，支配人，支店長などの肩書き）や登記の有無は関係ない。

㈡　支配人の選任・終任

　支配人は，営業主である商人またはその代理人が選任する（商20条，会10条）。会社の場合には，支配人の重要性から，取締役会決議などの慎重な内部手続が要求される（会348条３項１号・362条４項３号・591条２項）。

　他方で，支配人は，代理権の消滅または雇用関係の終了によって支配人でなくなる。支配人の代理権は，商人による解任や支配人の辞任などの民法所定の事由によって消滅する（民111条・651条・653条）。ただし，商人の死亡によっても支配人の代理権は消滅しない（商506条）。また，会社の支配人の解任には，選任の場合と同様，内部手続が要求される。

　雇用関係の終了は，民法（626条〜628条）および労働法が規整しているが，代理権の消滅により支配人でなくなっても，使用人としての雇用関係まで当然に終了するわけではない。

　商人は，支配人の選任・終任の登記をしなければならない（商22条，会918条。登記事項について商登43条・44条）。

㈢　支配人の代理権

　支配人は，包括的代理権を有し，営業主である商人（会社）に代わって

その営業・事業に関する一切の裁判上・裁判外の行為をする権限を有するし（商21条1項，会11条1項），支配人に加えた代理権の制限は善意の第三者に対抗できない（商21条3項，会11条3項）。支配人が代理権を有する営業所は登記される（商登43条1項3号4号・44条2項2号）。

　裁判上の行為とは訴訟行為であり，つまり訴訟代理人となり，その営業・事業に関する訴訟の提起などを行える。裁判外の行為とは，適法なる行為であり，営業・事業に関する行為である。支配人の行為が営業主たる商人・会社の営業・事業に関する行為かどうか，すなわち代理権の範囲内の行為かどうかは，その行為の性質・種類などを勘案し客観的・抽象的に観察して決められる。

㈡　支配人の義務

　支配人は，委任契約ないし雇用契約に基づく義務以外に，商法に規定する営業避止義務と競業避止義務を負う。すなわち，支配人は，営業主である商人の許可を受けなければ，自ら営業を行うこと，他の商人または会社もしくは外国会社の使用人となることができない（商23条1項1号・3号・4号）。支配人としての職務に専念させるためである（営業避止義務）。また，支配人は，商人の許可を受けなければ，自己または第三者のために商人の営業の部類に属する取引をすることができない（商23条1項2号）。商人と競争関係に立ち，得意先などを奪う競業行為を防止するためである（競業避止義務）。

　これらの義務は支配人の商人に対する義務であるが，これらの義務に違反してなされた営業行為や競業取引自体は有効である。この義務違反は，支配人の解任理由になるが，義務違反により損害が生じれば営業主である商人から支配人に対し損害賠償の請求をされうる（なお，商23条2項）。

　会社の支配人も，同様に，こうした義務を負う（会12条1項1号・3号・4号，会12条1項2号）。

㈱　表見支配人

　支店長といったような支配人らしい名称・肩書があっても，包括的代理

権がなければ支配人ではないが，その名称から相手方がこの者を支配人と信じて取引を行う可能性がある。こうした場合の相手方保護としては，民法の表見代理の規定（民109条・110条・112条）では企業取引においては不十分なので，商法・会社法は「表見支配人」の制度を設けている。

　営業所の営業の主任者であることを示す名称を付した使用人は，当該営業所の営業に関し，一切の裁判外の行為をする権限を有するものと見なされる（商24条。会社にあっては，会社法13条）。これにより，商人は表見支配人の代理行為の効力を否定できなくなり，名称への相手方の信頼が画一的・類型的に保護される。いかなる名称がこれにあたるかは，一般の取引通念によって個別に判断するほかない。具体的な例としては，支店長，本店営業部長，店長，支社長などはこれにあたるといわれている。

② **ある種類または特定の事項の委任を受けた使用人**

　商人は，営業全般ではなく，販売・仕入れ・貸付けなどの，ある種類または特定の事項に関する包括的代理権を使用人に与える場合がある。例えば，対外的取引を行う部門の部長・課長・係長などがこれにあたる。

　商法25条によると，商人の営業に関するある種類または特定の事項の委任を受けた使用人は，委任を受けた事項に関する一切の裁判外の行為をする権限を有し（1項），この使用人の代理権に商人が制限を加えても，善意の第三者には対抗できない（2項）。会社にあっては，会社法14条。

　代理権の範囲は，商人の委任事項との関係で客観的に判断されるし，こうした使用人かどうかは，ある種類または特定の事項について法律行為をなすことの包括代理権の授与があるかどうかで判断される。

③ **物品販売等を目的とする店舗の使用人**

　物品の販売等（販売，賃貸その他これに類する行為）を目的とする店舗の使用人には，その店舗にある物品の販売等をする権限があるとみなされる（商26条本文）。例えば，店舗の販売員である。顧客は，当該店舗の使用人に販売の権限があると通常は信じるであろう。ただし，悪意の相手方は保護されない（商26条但書）。会社にあっては，会社法15条。

Ⅲ－6　企業補助者②　―企業外補助者―

(1)　企業外補助者

　企業外補助者（補助商）としては，代理商，仲立人（なかだちにん），問屋（といや），運送取扱人があるが，代理商は特定の商人・会社を補助する者であるが，仲立人，問屋，運送取扱人は不特定多数の商人を補助する者である。

(2)　代　理　商

①　代理商の意義

　代理商とは，特定の商人・会社のために平常の営業・事業の部類に属する取引の代理または媒介をする者である（商27条1項，会16条1項）。代理商は，当該商人・会社の営業・事業の補助者といえるが，使用人ではなく，この者自身は独立した商人・会社である。仲立営業や問屋営業は，不特定多数の者のために行うが，代理商は特定の商人・会社との間に締結する継続的な代理商契約に基づいて行うものである。

　代理商には，締約代理商と媒介代理商がある。(a)締約代理商は，本人の代理人として相手方との間で契約を締結する代理商である。典型例では，損害保険会社のために損害保険契約の締結の代理をする損害保険代理店や，他の旅行業者のために旅行者と契約の締結を代理する旅行業者代理店等がある。(b)媒介代理商は，本人と相手方との間で契約が成立するように，各種の仲介，斡旋，勧誘等の事実行為を行う代理がある。典型例では，損害保険会社のために海上保険契約の締結を媒介する損害保険代理店等がある。

　締約代理商は商行為の代理の引受けに該当し（商502条12号），媒介代理商は仲立ちに関する行為に該当するので（同条11号），商人である（4条1項）。代理商は媒介または代理をするだけなので，成立した契約についての権利義務の主体にはならず，成立した契約について本人から手数料を受ける。

②　代理商の権利・義務

　代理商と商人・会社との間の法律関係は，委任に関する民法（643条・656条）または商法の一般規定が適用されるので，代理商は，善管注意義務を負い（民644条），報酬請求権（商512条），費用等の前払請求権・償還請求等（民649条・650条），留置権（商31条，会20条）を有する。

　また，商法・会社法では，商人・会社と代理商との継続的信頼関係から，代理商は，通知義務（商27条，会16条），競業避止義務（商28条1項，会17条）等の義務を負う。

③　代理商関係の終了

　代理商契約は，委任の一般終了原因によって終了する（民653条）。ただし，商行為の委任による代理権は，本人の死亡によっても終了しないことから，代理商契約も，本人の死亡によっては終了しない（商506条）。

　代理商契約に期間の定めがないときは，各当事者は2か月前までに予告して解除できる（商30条1項，会19条1項）。ただし，やむを得ない事由があるときは，いつでもその契約を解除できる（商30条2項，会19条2項）。

(3)　仲　立　人

①　仲立人の意義

　仲立営業とは，他人間の商行為の媒介（仲介，斡旋行為）をなすことを目的とする営業である。この営業を行うものを仲立人というが（商543条），商人である（商502条11号・4条1項）。仲立人の行為は，自らが契約の当事者とはならず，他人間の法律行為の成立に力を尽くすという事実行為である。

　商法では，商行為の媒介を業とする者である仲立人を商事仲立人とし，商行為以外の法律行為の媒介を行う仲立人を民事仲立人という。商事仲立の典型例としては，顧客と旅館・ホテルの宿泊契約を媒介する旅行業者などである。民事仲立の典型例としては，結婚の周旋業者などである。

　仲立人は，媒介（仲介）するだけなので，仲立人が媒介を行った場合，仲立人は権利義務の主体とはならないし，その報酬は媒介手数料である。

② 仲立人の義務

　仲立契約は，媒介という事実行為をすることの委託なので，準委任契約である（民656条）。それ故，仲立人は，委託者に対して善管注意義務を負うが（民643条），見本保管義務（商545条），結約書の交付義務（商546条），帳簿記載義務（商547条）などの義務も負う。

③ 仲立人の権利

　結約書の交付義務等の手続を終了した後，報酬（仲立料）を請求することができる（商550条1項）。仲立人の報酬は，委託者およびその相手方の双方が等しい割合で負担する（同条2項）。

(4) 問　　屋

① 問屋の意義

　問屋とは，自己の名をもって他人のために物品の販売または買入れをすることを業とする者をいう（商551条）。これは，他人（委託者）の計算のもとに，自らではなく他人のために物品の販売や買入れをするものであるが，その経済上の効果を委託者に帰属させるものであり，いわゆる取次取引である。一般につかう問屋は卸売商の意であり，これとは異なる。

　こうした行為は営業的商行為（商502条11号）なので，商人である（4条1項）。例としては，証券会社における株式・社債などの売買の取次ぎである。証券会社は，顧客の依頼で，証券市場で株式・社債などの売買の取次ぎを行い，その顧客から手数料を得る（それに伴う損益は顧客に帰属）。

　問屋は，自己の名で行為をするが，委託者の名で行為をする代理商とは異なる。また問屋は，取次を行い取引当事者となるので，取引当事者とならない仲立人とは異なる。取次取引は，法的効果の帰属と経済効果の帰属が異なるところに特徴がある。それ故，問屋と取引の相手方という外部の関係と，問屋と委託者という内部関係という2つの関係でみていく必要がある。まず，問屋と取引の相手方との関係という外部関係は，売買契約の当事者となるので，問屋は，他人のためにした販売または買入れにより，相手方に対して，

自ら権利を取得し，義務を負う（商552条1項）。他方で，問屋と委託者とい
う内部関係は，委任契約とされるが，経済的な効果の帰属が委託者である本
人に帰属するということから，委任および代理に関する規定が準用される
（552条2項）。

② 問屋の義務

　問屋と委託者の関係は，商法が適用されるほか，委任と代理の規定が準用
されるが（商552条2項），問屋は受託者として善管注意義務（民644条）等
を負う。さらに，通知義務（商557条・27条），履行担保責任（商553条），指
値遵守義務（商554条）などの義務を負う。

　指値遵守義務とは，委託者が物品の売買の委託の際に，一定の価格を指定
した場合，問屋は，それを遵守する義務である。ただし，指値と実際の価格
の差額について，問屋が負担するのであれば，問屋が委託者の指定した金額
より低い価格で販売をした，または高い価格で買入れをした場合であっても，
その販売または買入れは，委託者に対してその効力を生ずる（商554条）。

③ 問屋の権利

　問屋は，商人であるから，特約がなくても，報酬請求権（商512条），費用
の前払い請求権（民649条）を有するし，以下の権利も有する。

(ｲ) 介　入　権

　　問屋は，取引所の相場がある物品の販売または買入れの委託を受けたと
　きは，自ら買主または売主となることができる（商555条1項）。

(ﾛ) 供託権・競売権

　　問屋が物品の売買の委託を受けた場合，委託者がその目的物の受領を拒
　み，またはこれを受領することができないときは，問屋は，その物を供
　託・競売に付すことができる（商556条・524条）。

(ﾊ) 留　置　権

　　問屋は，委託者のためにする物品の販売または買入れによって生じた債
　権の弁済期が到来しているときは，その弁済を受けるまでは，委託者のた
　めに占有する物または有価証券を留置することができる（商557条・31条）。

Ⅲ－7　運送営業

(1)　運送営業概論

　運送とは，物または人を場所的に移動させる事実行為をいう。商法では，運送人を定義して適用範囲を定めたうえで（商569条），運送の総則的な規定をおく。そして，陸・海・空という運送の区分によって，陸上運送・海上運送・航空運送の用語の意義を明らかにしている。さらに，運送の対象に応じ，運送営業を，物の移動を目的とする「物品運送」（商570条から588条）と，人の移動を目的とする「旅客運送」（商589条から594条）とに分けている。

　まず，「運送人」とは，陸上運送，海上運送，または航空運送の引受を業とする者（商569条１号）としたが，営業的商行為となり（商502条４号），運送人は商人となる（４条１項）。そして，運送契約は，物または人の移動という仕事の完成を目的とするから，民法の請負契約（民632条）の一種であるが，商法だけでなく，他の特別法や各種の業法さらに条約などが適用される。

　「陸上運送」とは，陸上における物品または旅客の運送をいう（商569条２号）。商法以外に，道路運送法，鉄道営業法，軌道法などの特別法などが適用される。「海上運送」とは，船舶による物品または旅客の運送とする（商569条３号）。商法737条以下に特則が置かれるほか，船舶の所有者等の責任の制限に関する法律，国際海上物品運送法などが適用される。「航空運送」とは，航空法２条１項に規定する航空機による物品または旅客の運送とする（商569条４号）。航空運送は，ワルソー条約，モントリオール条約などが直接適用される。

　以下では，陸上運送の物品運送と旅客運送を取り上げる（海上運送については，「Ⅶ－2　海上運送」を参照のこと）。

(2)　物品運送

①　物品運送契約
　物品運送契約は，運送人が荷送人<ruby>荷送人<rt>におくりにん</rt></ruby>からある物品を受け取りこれを運送して

荷受人に引渡すことを約し，荷送人がその結果に対して運送賃を支払うこと
を約することによって成立するので（商570条），諾成・不要式の契約である。
到着地で運送品の引渡しを受ける荷受人は，運送契約の当事者ではない。

② **運送人の義務と責任**

　運送人は，運送契約の本旨に従って善管注意義務を負うが，他に送り状交
付義務（商571条１項），荷送人による指図に従う義務がある（581条）。そし
て，運送人は，その契約に従って，運送品を滅失・損傷することなく，指定
された期日に，荷受人に送り届ける責務を負うが，過失によってこれに違反
すれば，債務不履行による損害賠償責任となるが（民415条），商法は特に
575条で運送人の損害賠償責任を定める。つまり，運送人は，運送品の滅
失・損傷・延着につき，自己に過失がないことを立証できれば免責される
（故意または重大な過失につき商575条３項）。

　ただし，運送人の保護のため，損害額の算定方法については，商576条で
定め，損害賠償額の範囲を一定限度に定型化しようとするものである。

　容積・重量から見て，著しく高価な物品である高価品（最判昭和45年４月
21日判時593号87頁）について運送人に通知しなかったときは，損害賠償の
責任を負わない（商577条１項）。告げられていれば，運送人は相応の注意を
して運送品の滅失・損傷・延着を防止できたはずだからである。

③ **運送人の権利**

　運送契約は，運送人は，到達地における運送品の引渡しと同時に，荷送人
に運送賃の支払を請求できる（商573条１項，民633条参照）。

　運送人は，運送賃，付随の費用および立替金といった運送賃等について，
その弁済を受けるまではその運送品を留置することができる（商574条）。

④ **荷送人の権利・義務**

　荷送人は，運送人の請求により，「送り状」を交付しなければならない（商
571条１項柱書）。運送に必要な情報を提供させ，契約内容を明確にさせる目
的がある。また，荷送人は，運送品が危険性を有するものであるときは，そ
の引渡しの前に，運送人に対し，当該運送品の安全な運送に必要な情報を通

知しなければならない（商572条）。そして，荷送人は，到達地における運送品の引渡しと同時に，運送賃を支払わなければならない（573条）。

荷送人は，運送人に対し，運送の中止，荷受人の変更その他の処分を請求することができる（580条：荷送人の処分権）。

⑤　荷受人の権利・義務

荷受人は運送契約の当事者ではないので，運送品が到着地に到着するまでは，荷送人がその運送品に対する契約上の権利を持つが，到着地に到着した後は，荷受人も同一の契約上の権利を取得する（商581条1項）。荷受人が運送品の引渡しを請求したときは，荷送人は契約上の権利を行使できなくなる（同条2項）。また，運送品が全部滅失した場合，荷送人と荷受人の双方が損害賠償請求権を有することになるが（581条1項），荷受人が損害賠償請求をしたときは，荷送人は損害賠償請求権を行使できない（同条2項）。

荷受人は，運送品を受け取ったとき，運送人に対し運送賃等の支払義務を負う（同条3項）。

(3)　相 次 運 送

相次運送とは，同一の運送品を複数の運送人が相次いで運送することをいうが，その形態には，以下の4つがある。(a)数人の運送人が各々独立していて，各特定区間の運送を引受ける「部分運送」（各区間で運送契約が成立），(b)一運送人が全区間の運送を引受け，その全部または一部を他の運送人と運送契約を締結する「下請運送」，(c)数人の運送人が共同して全区間の運送を引受け，内部関係において各々が担当区間を定める「同一運送」，(d)数人の運送人が順を追って，一通の運送状（通し運送状）とともに運送品を受け取って引継ぎながら運送する「連帯運送」，がある。

商法では，ある運送人が引受けた陸上運送についてその荷送人のために他の運送人が相次いで当該陸上運送の一部を引受けたときは，各運送人は，運送品の滅失等につき連帯して損害賠償の責任を負うとしているが（579条），連帯運送に適用されるという。

(4)　運送取扱営業

　運送取扱人とは，自己の名をもって物品運送の取次ぎをすることを業とする者をいう（商559条1項）。取次ぎという行為は，営業的商行為であり（502条11号），これを業とする運送取扱人は商人である（4条1項）。運送取扱人については，商法551条に規定する問屋に関する規定が準用される（559条2項）。この例としては，コンビニ等のように宅配便取次業務がある。

(5)　旅 客 運 送

①　旅客運送契約

　旅客運送契約は，物品運送と同様に，請負契約としての性質をもち，運送人が旅客を運送することを約し，相手方がその結果に対してその運送賃を支払うことを約することによって成立する（商589条）。諾成・不要式の契約であるが，実際には，旅客は，運送人が運賃などの運送条件を定めた条項である約款（運送約款）に了解して乗車しているとされる。一般的には利用者が交通機関に現実に乗車した段階で成立するとされる。

②　運送人の責任

　運送人は，旅客が運送のために受けた損害を賠償する責任を負う（商590条本文）。ただし，運送人は運送に関し注意を怠らなかったことを証明したときは，この責任を負わない（同条但書）。

　そして，旅客運送契約において，旅客の生命・身体の侵害による運送人の損害賠償の責任（運送の遅延を主たる原因とするものを除く）を免除・軽減する特約を約款に定めても，大規模な火災・震災といった災害などにおける運送である場合を除き，無効とする（商591条1項）。

　なお，手荷物や身の回り品の損害に対する責任については，商法592条・593条が適用される。

Ⅲ－8　倉庫営業

(1)　倉庫営業と倉庫ビジネス

　倉庫営業は，他人から寄託を受けた農産物や産業用の原料であったり，商品，食品関係の冷蔵・冷凍物，さらには家財や美術品などの財産などを保管するものである。そうした商品や物が，全国や世界の倉庫・物流センターなどの拠点網を通過して，企業や消費者のもとに届くのである。

　倉庫営業を行うにあたっては，倉庫業法に基づいて登録を受ける必要がある（3条）。そして，登録を受けるためには，保管する物品に応じた倉庫の施設・設備が国土交通省令で定める基準に適合し（6条1項4号），倉庫ごとに一定の要件を備える倉庫管理主任者を選任すること（11条）等が必要となる。さらに，その倉庫の営業者には，その保管物に対する一定の責任が生じる。

　また，近年「トランクルーム」や「レンタル収納スペース」などという看板が目につくようになってきた。倉庫業法に基づくトランクルームとは，「その全部又は一部を寄託を受けた個人（事業として又は事業のために寄託契約の当事者となる場合におけるものを除く）の物品の保管の用に供する倉庫」（2条3項）をいう。つまり，保管する場所を貸すのではなく，寄託契約に基づいて物品を預かる・預けるというビジネスになる。こうしたトランクルームにも，寄託を受けた物品の保管として倉庫営業を行うには，国土交通大臣の行う登録を受ける必要がある。保管管理を行うための施設・業務体制が一定の基準に適合しているトランクルームとして国土交通大臣の認定を受けることができる（25条）。そして，このトランクルームにおいても，その営業者には，その保管物に対する一定の責任が生じる。

　他方で，「レンタル収納スペース」は，その運営者と利用者との賃貸借契約に基づくものであるため，倉庫営業の登録は不要である。ただし，運営者は，当然物品の管理はしないが，その建物についての建築基準や建物の用途の遵守などが求められる。レンタル収納スペースは，あくまでも賃貸借契約であるの

で，その利用者は，荷物の出し入れを自由に行える。

　倉庫営業に関する規律としては，民法の寄託に関する規定（657〜665条の2）や商法の規定（595条，599〜617条）があるが，経済社会における多種多様な物品の保管という役割をもつから，倉庫業法が大きな役割を果たしている。倉庫業法は，倉庫業の適正な運営を確保し，倉庫の利用者の利益を保護するとともに，倉荷証券の円滑な流通を確保することを目的としている（1条）。

(2)　倉庫営業者

　倉庫営業者とは，他人のために物品を倉庫に保管することを業とする者をいう（商599条）。倉庫営業者は，寄託の引受けを業とするので（商502条10号），商人となる（4条1項）。倉庫業を営もうとする者は，倉庫業法により国土交通大臣の登録を受けなければならない（3条）。

　なお，倉庫とは，物品の滅失・損傷を防止するための工作物または物品の滅失・損傷を防止するための工作を施した土地もしくは水面であって，物品の保管の用に供するものとしている（倉庫業2条1項）。

(3)　倉庫寄託契約

　倉庫寄託契約は，民法上の寄託契約の一種であり，当事者の一方が物品を保管することを相手方に委託し，相手方がこれを承諾することにより成立する（民657条）。諾成契約である。物の保管を依頼する者を「寄託者」，保管する者を「受寄者」という。

　倉庫寄託契約には，通常，契約者，保管費用，保管場所，保管期間，善管注意義務，譲渡等の禁止，返還方法，解除条項などの項目が記載されるが，その内容には倉庫寄託約款による規制があり，倉庫業者は，その倉庫寄託約款を国土交通大臣に届け出なければならないし，変更の際も同様である（倉庫業8条）。なお，国土交通省は，標準倉庫寄託約款を示している。

(4) 倉庫営業者の権利

　倉庫営業者は，商人として，特別な合意がなくても，報酬である保管料を請求できるし（商512条），立替金など寄託物に関する費用の償還を請求できるが，寄託物の出庫の時以後でなければ請求できない（611条）。

　倉庫営業者には，留置権（民295条，商521条），動産保存の先取特権（民320条），供託権・競売権が認められる（商615条・524条）。

(5) 倉庫営業者の義務

①　民法の寄託契約における受寄者の責任は，報酬の有無により異なる。有償で品物を預かった受寄者は，寄託者に対して寄託者として一般に要求される程度の注意，すなわち善管注意義務をもって品物を保管することが求められるが（400条），無償の場合には，その者の具体的な注意能力に応じた注意義務，すなわち自己の財産に対するのと同一の注意義務に軽減される（659条）。

　　しかし，商人が寄託を受ける場合には，有償・無償かを問わず，善管注意義務を負う（商595条・民400条）。これは，商人の責任を高めて，商取引に対する信頼を促進しようとする趣旨である。つまり，倉庫営業者は，善管注意義務をもって寄託物を保管しなければならない。

②　倉庫業者は，寄託者の請求によって，寄託物の倉荷証券（くらに）を交付しなければならない（商600条：倉荷証券交付義務）。倉荷証券とは，寄託物の返還請求権を表章するものとして，倉庫業者が寄託者の請求により発行する有価証券である。倉荷証券が発行されている場合には，寄託者は，倉荷証券と引換えでなければ寄託物の返還を請求することができない（613条）。

　　寄託物の譲渡や質権の設定は，倉荷証券の裏書（うらがき）によって行うことができる（商606条）。また，倉荷証券の引渡しは，寄託物の引渡しと同一の効力を有する（607条）。倉庫に保管中の寄託物であっても，倉荷証券によって，寄託者はこれを円滑・迅速に処分することができるし，これを担保にして金融を受けるということも可能となる。

③　倉庫営業者は，寄託者の承諾がなければ，寄託物を使用することはできず（民658条1項），また寄託者の承諾を得た場合あるいはやむを得ない事由である場合でなければ，他者に寄託物の保管をさせることができない（同条2項：再寄託）。

④　倉庫営業者は，保管期間の定めの有無を問わず，寄託者の請求があれば，いつでも寄託物を返還しなければならない（民662条1項）。ただし，保管期間を定めた場合において，寄託者が保管期間前に倉庫営業者に返還を請求したことで倉庫営業者が損害を受けたときは，倉庫営業者は，寄託者にその損害を請求することができる（同条2項）。

⑤　寄託者または倉荷証券の所持人は，倉庫営業者の営業時間内は，いつでも，寄託物の点検もしくはその見本の提供を求め，またはその保存に必要な処分をすることができるので（商609条），倉庫営業者はこれに応じる必要がある。

(6)　倉庫営業者の責任

①　倉庫営業者は，商法上，寄託物の保管に関し注意を怠らなかったことを証明しない限り，その滅失・損傷に関し損害賠償責任を負う（商610条）。ただし，約款では，損害が倉庫営業者またはその使用人の故意または重過失により生じたことを寄託者側が証明しない限り，倉庫営業者は賠償責任を負わないと規定されるのが通常である。

②　寄託物の損傷・一部滅失についての倉庫営業者の責任は，倉庫営業者が寄託物の損傷・一部滅失につき悪意であった場合を除き，寄託者または倉荷証券の所持人が異議をとどめないで寄託物を受取り，かつ保管料等を支払ったときは消滅する。ただし，寄託物に直ちに発見できない損傷・一部滅失の場合には，寄託者または倉荷証券の所持人が引渡しの日から2週間以内に倉庫営業者に対してその旨の通知を発したときは，この限りでない（商616条）。

③　寄託物の滅失・損傷についての倉庫営業者の責任に係る債権は，寄託物の出庫の日から1年間行使しないときは，時効によって消滅する（商617条）。

Ⅲ-9　場屋営業

(1)　場屋営業とビジネス

　公衆の来集に適する物的・人的設備を設けて，その客にその設備を利用させることを目的とする営業を「場屋営業」という。例えば，旅館，ホテル，レストラン等の飲食店，銭湯，劇場，映画館，テーマパーク，各種スポーツ施設などである。

　理髪は請負もしくは労務に関する契約であるから場屋取引ではないとしたものがあるが（大判昭和12年11月26日民集16巻1681頁），通説は理髪業も場屋営業と解する。また，ゴルフ場を場屋営業者とみるものがある（東京高判平成16年12月22日金判1210号9頁など）。

(2)　場屋営業の意義

　旅館や飲食店，浴場など，客の来集を目的とする場屋における取引（商502条7号）を場屋営業といい，そうした取引をすることを業とする者を「場屋営業者」という（596条）。商法は，旅館，飲食店，浴場をあげているが，前述のように，旅館・ホテルの宿泊業，飲食店業，映画館・テーマパークなどの興行場営業，パチンコ店・ボーリング場などの遊技場営業，理髪店・美容院の理容業・美容業なども含まれると解されている。

　いずれの場屋においても，公衆の来集に適する人的・物的設備を設けてこれを利用させることを目的としているが，こうした場屋営業に属する営業には，衛生，良俗・風紀といった面からの規制や業務の適正化のための行政的規制がある。例えば，旅館業法，食品衛生法，風俗営業等の規制及び業務の適正化等に関する法律などである。そして，こうした場屋営業には，許可営業があったり，免許が必要な営業の場合もある。そして，場屋営業者と客との間の契約は多種多様であり，統一的な規制は不可能である。そうしたなかで，商法は，場屋営業に共通する問題として，客の物品に対する場屋営業者の責任について規

定している（596条～598条）。

この規定の背景としては，ローマ法以来の伝統に基づくレセプツム責任（レセプトゥム責任）にさかのぼるとされる。その時代，これらの店主は，盗賊と共謀して，客の荷物を奪うといったようなことがしばしばあったため，ローマ法は，客の保護のため，店主に結果責任を負わせるとした（のちに不可抗力の抗弁が認められる）。

しかし，こうした時代の場屋営業者と，現代の場屋営業者を同様に考えることは適切ではなく，別の趣旨があるとする説もある。すなわち，その場屋には多数の客が来集し，若干の時間そこに滞在するので，客の所持品に対する安全確保であったり，場屋営業者の信用維持のため，こうした場屋営業により利益を受ける場屋営業者に厳格な責任を課したものとする見解もある。

(3)　寄託を受けた物品に関する責任

民法の寄託（657条～）では，有償寄託の場合，報酬のある受寄者は，委託者に物を返還するまでは，すなわち保管中は，善管注意義務を負う（400条）。しかし，無償寄託の場合，無報酬の受寄者は，自己の財産に対するのと同一の注意をもって，寄託物を保管する義務を負うとして軽減している（659条）。

しかし，商法では，場屋営業者の寄託取引について，民法に優先するルールを定めている（商事寄託）。すなわち，商人が営業の範囲内で物品の寄託を受けた場合，有償・無償を問わず善管注意義務を負うのが原則であるが（商595条），場屋営業者についてはこの責任を厳格化し，客から寄託を受けた物品の滅失・損傷については，不可抗力であったことを証明しなければ，損害賠償の責任を免れることができないとした（596条1項）。それ故，場屋営業者が顧客から寄託を受けた物品が滅失・損傷した場合には，営業者においてそれが不可抗力によるものであることを証明しない限り，損害賠償責任を負うことになる。

この「不可抗力」とは，事業の外部から発生した出来事で，通常必要と認められる予防方法を尽くしても防止できないものとされている（通説）。しかし，どのような場合に不可抗力であったといえるかは争いがある。例えば，集中豪

雨により丘陵崩落事故で旅館の駐車場に駐車されていた宿泊客の自動車が損傷した場合，旅館が鍵を預かっていただけでなく，土砂崩落防止の措置がなかったこと，旅館側が事態に迅速に対応していれば損傷を避けられたことなどから，不可抗力の抗弁を認めなかった（東京地判平成8年9月27日判時1601号149頁）。

　また，寄託の有無は，様々な場面で問題となる。例えば，敷地内の出入りが自由な場所に駐車場の場所を設け宿泊客に自由に駐車させ，車の鍵は宿泊客自身が保管していた場合（高知地判昭和51年4月12日判時831号96頁）や，ゴルフ場のクラブハウス内にある貴重品ロッカーを設置し，客に利用させ，鍵は客が管理することとしていた場合（東京高判平成16年12月22日金融・商事判例1210号9頁）などにおいては，寄託の成立を否定した。他方で，宿泊客が旅館の駐車場に駐車し旅館側に車の鍵を預かっていた場合（東京地判平成8年9月27日判時1601号149頁）や，ホテルの敷地内で移動させることを了承し，ホテルの従業員に鍵を預けた事例（大阪高判平成12年9月28日判時1746号139頁）においては，寄託契約の成立を肯定した。

(4)　寄託を受けない物品に関する責任

　客が寄託していない物品であっても，場屋の中に携帯した物品が，場屋営業者が注意を怠ったことによって滅失・損傷したときは，場屋営業者は，損害賠償の責任を負う（商596条2項）。客は物品を寄託していないのであるから，本来は，寄託契約は成立していないので，場屋営業者は契約上の責任を負うものではない。しかし，客の保護のため特別の責任を負わせたという（法定責任）。

　商法596条1項と2項の違いは，寄託があったかなかったかであるが，寄託を受けた場合の方が責任は重くなっている。

(5)　特約がある場合の責任の減免

　商法596条の規定は任意規定と解されており，したがって免除する特段の定めがあればその責任を減免することができる。しかし，客が場屋の中に携帯した物品につき責任を負わない旨を表示したというだけでは，場屋営業者は，商

596条1項・2項の責任を免れることができない（596条3項）。これは，単に表示しただけで場屋営業者の責任を免責できるとなれば，こうした責任規定が空洞化しかねず，客の保護に欠けることになるため，表示したのみでは免責の特約の成立を認めないことを法文上確認したものである。

なお，ホテルの約款に責任制限特約（高価品について，種類・価額の通知がなかった場合には，15万円の限度に損害賠償額を制限する旨の宿泊約款）があった事例では，ホテル側に故意または重大な過失がある場合には，その特約は適用されないとした（最判平成15年2月28日判時1829号151頁）。

(6)　高価品についての特則

商法は，場屋営業者が寄託を受けた物品に関して，「高価品」についての特則を設けている。貨幣，有価証券その他の高価品については，客がその種類及び価額を通知してこれを場屋営業者に寄託した場合を除き，場屋営業者は，その滅失・損傷によって生じた損害を賠償する責任を負わない（商597条）。あらかじめ高価品であることの通知を受けていれば，場屋営業者も，それにともなう特別の注意・管理をすることができるが，通知をなくして特別の注意・管理をなすことは非常に酷となる。それ故，通知をなくして寄託した場合に，場屋営業者の重い責任を免除することを認めた。

(7)　場屋営業者の責任に係る債権の消滅時効

場屋営業者の責任にかかる債権は，場屋営業者が寄託を受けた物品を返還し，または客が場屋の中に携帯した物品を持ち去った時（物品の全部滅失の場合にあっては，客が場屋を去った時）から1年間行使しないときは，時効によって消滅する（商598条1項）。

ただし，場屋営業者が物品の滅失・損傷につき悪意であった場合には，通常の時効（民166条1項）によることとなる（商598条2項）。

会　社　法

Ⅳ−1　会社法概論

(1)　ビジネスと会社法

　あなたが営業担当であった場合，あるいは経営者の場合でもよい。そこで，もし株式会社と合同会社のどちらと取引がしたいと思うか，そして両者の法律的な違いは何かとたずねられたら，どのように答えるのであろうか。

　合同会社という会社形態を聞いたことがないと言うことはないであろうが，みなさんが知っているような外資系企業の日本法人が，合同会社という会社形態をとっている。しかも，国税庁の「令和3年度分会社標本調査結果」（令和5年3月）によれば，株式会社が約260万社，合名会社が約3,300社，合資会社が約12,000社，合同会社が約16万社である。合同会社は意外にも多いのである。

　会社法1条では，「会社の設立，組織，運営及び管理については，他の法律に特別の定めがある場合を除くほか，この法律の定めるところによる。」とある。つまり，会社は，原則として，設立・組織・運営・管理については会社法の定めるルールに従わないといけないということである。会社法は，設立，組織，運営などについてのルールを定めたものであり，世の中にある会社の基本ベースとなるルールが書かれているものと言うことができる。

　会社法を知ると，その後のビジネスの見る目や考え方が変わってくると考える。例えば，会社の出資者は誰なのか，所有と経営が一致しているのかあるいは分離しているのか，どのようなガバナンス体制であるのか，会社の経営・運営といった経営機構・体制はどのようになっているのか，社長と取締役会の関係，選択と集中という目的で事業譲渡をしたがその後はどのような戦略方針なのかなどがある。

　会社法を理解することで，自社や取引先の会社を，しっかりと見て考えて行動するようになるであろうし，ビジネスを円滑に進められるようになるのではないだろうか。あなたが経営者であれば，より健全な企業活動をしようと考えるようになるであろう。

(2)　会社法の構造

　会社法は，2005（平成17）年に成立したものであるが，この法典が成立する
までは，会社についてまとめた一つの法典というものがなかった。それまでは，
商法，株式会社の監査等に関する商法の特例に関する法律（商法特例法），有
限会社法などといった法律に分散されていた。しかし，会社経営の機動性・柔
軟性の向上，会社経営の健全性の確保ということを目的に，体系的かつ抜本的
な見直しを行い，上記の会社に関する法律をまとめ，2005年に会社法という法
典を創設したのである。

　会社法は，会社の設立，組織，運営及び管理について定めた法であるが（1
条参照），以下の8つの編から構成されている。

---

① 「第1編 総則」では，会社法で用いられている用語の意義，会社の商号，使用
人などの会社に共通する規定を総則的に置いている。
② 「第2編 株式会社」では，株式会社の設立，組織，運営及び管理，つまり設立
手順，株式・その発行手続き，株主総会・取締役会・監査役などの機関構造，計
算等，事業譲渡，解散・清算に関するルールが詳細に規定されている。
③ 「第3編 持分会社」では，合名会社，合資会社，合同会社である持分会社にお
ける，設立，管理，解散，清算などのルールが規定されている。
④ 「第4編 社債」では，資金調達手段の一つである社債に関して定められている。
株式会社だけでなく，持分会社も社債を発行できる。
⑤ 「第5編 組織変更，合併，会社分割，株式交換，株式移転及び株式交付」では，
会社の組織変更と組織再編の手続きに関する規定がまとめられている。
⑥ 「第6編 外国会社」は，わずか7条であるが，外国会社の規制に関しての規定
が置かれている。
⑦ 「第7編 雑則」では，各種訴えの提訴権者・提訴期間など訴訟に関する規定，
登記，公告に関する規定が置かれている。
⑧ 「第8編 罰則」では，特別背任罪，預合いの罪，贈収賄罪などの罰則規定を設
けている。

　なお，会社法は，多くの事項を法務省令に委ねている（会社法施行規則，会
社計算規則，電子公告規則）。

Ⅳ－2　会社形態　―株式会社・持分会社―

(1)　会　社　と　は

①　会社とは何か

　会社とは，出資者である社員を構成員とする組織体である。会社法では，この見えない・手に取れない存在である「会社」の設立・組織・運営・管理について定めている（1条）。こうしたことをルール化（規整）しないと，出資者である社員の責任が不明確となり，会社債権者などの利害関係人に取引の安全を害するおそれがあるからである。会社法で定める会社形態は，株式会社，合名会社，合資会社，合同会社の4種類である（会2条1号）。

②　4つの会社を区分する基準は何か

　これらの会社は出資者である社員で構成されるが，その分類の基準は，その社員の責任の態様により区分される。すなわち，会社が第三者に対し負った債務について会社財産だけで弁済できない場合に，その第三者（会社債権者）に対して社員が負うべき責任はどこまでかということである。その社員の責任の態様には，直接責任・間接責任と，無限責任・有限責任とがある。

　社員が会社債務につき会社債権者に対して直接弁済義務を負う場合を「直接責任」，そうでない場合を「間接責任」という。間接責任の場合，社員は会社に対して出資をなしそれが会社債権者の担保となることから，実質的にいえば，会社債権者に対し会社を通じて間接的に責任を負うものとみることができる。そして社員の責任額が一定額を限度とする場合を「有限責任」，そうでない場合を「無限責任」という。

(2)　各会社の基本的構造

①　株　式　会　社

　株式会社は，会社債務について会社債権者に対して直接責任を負わず，ただ会社に対する一定限度の出資義務を負うにとどまる社員のみで構成される

（会104条）。すなわち，株式会社の社員の全員が会社に対して各自の有する株式の引受額を限度とする出資義務のみを負うにとどまり，会社債権者に対して何ら責任を負わない（株主有限責任の原則）。

そして，会社の実質的所有者である株主は，株主総会に参加して，会社の基本的事項（例えば，役員（取締役，会計参与，監査役）などの選任・解任（会329条１項・339条１項），計算書類の承認（438条２項），定款の変更（466条）など）を決定する。つまり，株主総会で経営陣である取締役など選任するものの，会社経営については，取締役あるいは取締役会に委ねるような制度となっている。株式会社の場合，所有と経営が制度的に分離された形態であるといえる（所有と経営の分離）。

株式会社は，株主総会をベースにしながら，多様な組織構造（機関設計）を持つことになる。ここでは，代表的な組織構造である取締役会を設けていない株式会社（以下，「取締役会非設置会社」とする）と，取締役会を設けている株式会社（以下，「取締役会設置会社」とする）をとりあげる。

図Ⅳ－１　取締役会非設置会社と取締役会設置会社

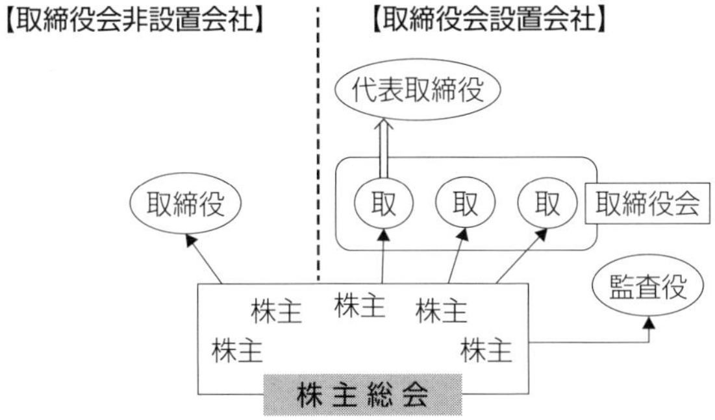

（※著者作成）

株式会社の会社経営は，取締役会非設置会社にあっては株主総会で選任した取締役が業務を執行する（会348条１項）。他方，取締役会設置会社にあっては，株主総会で選任された取締役で構成される取締役会という合議制の機関に委ねられる（362条２項）。ちなみに，業務執行とは，会社の目的たる事

業を遂行するために生ずる事務を処理することである。例えば，事業の戦略の決定，営業上の取引，資金の借入れ，従業員の雇用や管理等である。

そして，取締役会非設置会社にあっては取締役が会社を代表し（会349条1項），取締役会設置会社にあっては取締役会で選定された代表取締役が日常的な業務の決定と会社代表にあたることになる（同条4項）。

株式会社にあっては，株主は会社債務に対しては直接責任を負わないし，しかも出資者である株主同士の関係が希薄なため，取引相手の信用の基礎が会社財産にあることから「物的会社」に分類される（⇔人的会社）。会社債権者にとっては会社財産だけが唯一の弁済の担保となるので，会社財産の充実が極めて重要な関心事となる。それ故，会社法としては，債権者の立場を安定させ保護する制度が必要となる（資本原則などによる規制など）。

② 持分会社

会社法は，合名会社・合資会社・合同会社を総称して「持分会社」とし（会575条1項参照），会社法の第3編において持分会社の規定を一括して置いている。持分会社の経営権限は，原則として出資者である社員にあるので（590条1項），制度として所有と経営が一致している会社形態ととらえることができる。そして，持分会社は，株式会社とは違い，会社の組織や内部関係（会社と社員の関係や社員相互の関係）を定款によって大幅に変更することを許容している（定款自治）。

(イ) 合名会社

合名会社は，無限責任を負う社員だけで構成される会社である（会576条2項）。各社員は，会社債務につき直接連帯かつ無限の責任を負う（580条1項）。会社財産をもってしてもなお債務の弁済ができないときには，社員の自己財産にまで及ぶ。複数の社員がいる場合，個々の社員が全額について連帯して責任を負うことになる。

他方で，全社員は，原則として業務を執行し，会社を代表する（会590条1項・599条1項）。それ故，社員の誰かが会社の名で契約をすれば，会社はそれに拘束され，全員が責任を負うこととなる。

このように，合名会社の出資者は，原則として，経営者でもあるので，社員の交代は，経営能力だけでなく，支払い能力も重要な要素になる。それ故，社員の交代は，他の社員にとって重大な関心事なので，簡単に社員の交代がなされては困るので，合名会社の社員の地位である持分を他の者に譲渡する場合には，原則として，社員全員の承諾を必要としている（会585条1項）。合名会社は，会社の経営能力・支払い能力とも社員に負うところから，「人的会社」に分類される（⇔物的会社）。

(ロ) 合資会社

合資会社は2種類の社員で構成されるので，それが一つの特徴となっている（会576条3項）。すなわち，合名会社の社員と同じ責任を負う無限責任社員（580条1項）と，定款に記載した出資の額までしか責任を負わない有限責任社員（同条2項。ただし，まだ履行していない出資額については，会社債権者に対して直接責任を負うことになる）とからなる。

そして，全社員は，合名会社と同様，原則として業務を執行し，会社を代表する（会590条1項・599条1項）。

(ハ) 合同会社

合同会社は，有限責任を負った社員のみで構成される会社である（会576条4項）。出資の目的は金銭等であるが，合同会社の社員は有限責任なので，債権者保護の観点から，全額払込主義がとられている（会578条）。

そして，全社員は，合名会社と同様，原則として業務を執行し，会社を代表する（会590条1項・599条1項）。

近年，海外の大手外資企業が日本法人として選ぶ企業形態としては，この合同会社が選ばれる。その理由として，設立コストを抑えられること，株式会社よりもシンプルな組織形態であるため迅速な意思決定がしやすいこと，役員の任期がないこと，そして決算公告が不要であることである。

Ⅳ－3　会社の資金調達　—株式・社債の発行—

(1)　会社の資金調達

　会社の事業活動において，事業資金や設備投資で資金が必要となる場合，金融機関や第三者から借入れをして資金を得ることができる。また，不要な資産や事業を売却して行う資産の現金化という方法もある。この銀行などの金融機関から資金を調達することを「間接金融」という。他方，投資家などが集まる資本市場から直接資金を調達する方法を「直接金融」というが，例えば，株式や社債の発行という方法である。資金の調達が必要な場合，経営者は，様々な観点から企業経営に最も有利な資金調達の方法を選択することになる。

　株式の発行は，企業経営に必要な資金を調達するためばかりではなく，借入金等の負債の圧縮を図るためであったり，買収対策の目的で行う場合もある。

　なお，会社が調達した資本のうち，銀行からの借入金や社債などから調達した資本を「他人資本」

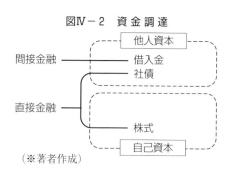

図Ⅳ－2　資金調達

（※著者作成）

といい，貸借対照表の負債の部に計上される。株主からの出資は，「自己資本」と呼ばれ，貸借対照表の純資産の部に計上される。

(2)　株　　　式

①　株式の意義

　会社における社員の地位を一般に社員権という。株式会社の場合には，その社員の地位を「株式」と呼ばれる細分化された割合的単位のかたちをとる。株式は，均一で多数の割合的単位部分に細分化されているが，これは多数人がそれぞれ自己の資本力に応じて容易に会社事業に参加できるようにしたた

めである。こうした株式制度により，社会に散在する零細な資金を含めて巨額の資本を集めることが可能となる（資本の糾合）。

　株式の取得は，その会社に出資をすることであり，その会社の経営に間接的に参加することを意味する。つまり，株式に資金を投じることで株主となり，株主権を取得するが，その株主は，原則として，株主総会に参加し，経営を委ねる取締役などの選任をはじめとする各種の議案に対して賛否をとなえることになる（例えば，会329条1項・339条1項・466条）。そして，株主は，原則としてその保有する株式数に応じて会社の経営に一定の影響を及ぼすことになる。例えば，ある株主がその株式会社の議決権の過半数の株式を集めれば，意向に沿った者を取締役に選任することができる（会社の支配）。

② **株主の権利**

　株主は，その株主たる地位に基づいて，会社に対する様々な権利となってあらわれる。支配的機能を有する共益権としては，議決権をはじめ，株主総会招集請求権，代表訴訟提起権，計算書類等閲覧権，取締役等の違法行為の差止請求権などがある。他方，収益機能を有する自益権としては，剰余金配当請求権，残余財産分配請求権，株式買取請求権などがある。

　こうした株主の権利は，その持株数にかかわらず，1株さえ有していれば行使できる権利（単独株主権）と，濫用防止のため，その権利の行使にあたり会社の総株主の議決権の一定の割合以上または一定数以上の議決権を有する株主に認めるもの（少数株主権）がある（株式の保有期間の要件もあり）。こうした権利は，資本多数決の原理が適用される株式会社において，多数派株主による濫用的な権利行使の防止・少数派株主の保護を目的として，少数派株主の権利として制度化されている。

③ **種 類 株 式**

　会社法では，普通株式とは権利の内容を異ならせることができ，種類株式の発行を認めている（会108条1項）。株主は，本来は，保有する株式の数に応じて平等の取り扱いを受ける（株主平等の原則）。しかし，各株式の権利が同一である普通株式と違い，剰余金の配当や残余財産の分配，議決権，譲

渡などに関して異なる取扱いがなされる株式を発行することが可能であり，それぞれを組み合わせることも可能である（会108条）。

　種類株式は，ベンチャー企業の資金調達や企業再編，事業承継・相続対策，さらには合弁会社の設立に際しての活用などがある。

(3)　募集株式の発行

　前述のように，活動資金が必要になった場合，金融機関からの借入れという選択肢だけではなく，あらたな株式を発行することで，その資金を調達することができる方法がある。その制度が，会社法の「募集株式の発行」である（会199条以下）。会社法では，新株の発行と自己株式の処分を含めて「募集株式の発行」とした。株式会社が募集株式を発行する場合には，募集株式の数，払込金額などの募集事項を定めなければならない（会199条1項）。そして，その決定を非公開会社にあっては，株主総会の特別決議で決定する必要がある（会199条2項・309条2項5号）。株式の発行は，株主の拡大行為であり，それに伴い既存株主の持分が低下する可能性がある（持分の低下）。そのため，非公開会社にあっては，株主総会の特別決議としている。

　他方，公開会社（会2条5号）にあっては，資金調達の機動性を考えて，取締役会の決議としている（201条1項）。これは，企業の経営には，迅速性や機動性が要求されるので，スムーズな資金調達ができるようにするためである。ただし，新株を株主以外のものに「特に有利な金額」（有利発行）で発行する場合，つまり払込金額を時価よりもあまりに低い価額で発行してしまうと，既存株主の経済的損失をまねく可能性があるので，この場合は株主総会の特別決議を経る必要がある（199条2項・201条1項・309条2項5号）。さらに公開会社における支配株主の異動を伴う募集株式の発行等に対する制度が，2014（平成26）年会社法改正で導入されている（206条の2）。

(4)　新株予約権

　新株予約権とは，あらかじめ定められた条件で会社に対して株式の交付また

は自己株式の移転を請求し，それを購入できる権利をいう（会2条21号）。取締役や従業員などに対して付与するストック・オプションや敵対的企業買収の対抗措置，新株予約権付社債（2条22号）の発行などの活用方法がある。

(5) 社 債

① 社債の意義

　社債とは，「この法律の規定により会社が行う割当てにより発生する当該会社を債務者とする金銭債権であって，676条各号に掲げる事項についての定めに従い償還されるものをいう」としている（会2条23号）。つまり，会社が一般投資家から資金を調達する目的をもって起債することにより生じる借入負債である。社債は，ある一定の利回りによって，一定の期間に到達した時点で，元本を返済する形態になる（償還）。会社にとって多額であり，かつ長期の資金調達となる。こうした制度を会社法が整備している。

　社債は，元本を毎月返済する必要はなく，長期にそして固定の資金が調達できること，また格付機関から高い格付けを付与されている（つまり，信用力が高い）会社は，銀行借入れよりも低コストの借入れが可能となることがある。投資家としては，元本割れのリスクは株式より低く，会社が債務不履行（デフォルト）とならない限り，満期まで保有することで元利金収入が見込まれる。

② 社債の発行

　社債の発行は，一種の金銭の借入れと同じ性質であり，その発行は業務執行にあたるので，取締役会非設置会社にあっては取締役が（会348条），取締役会設置会社にあっては取締役会で決定することとなる（362条4項5号）。その際，募集社債について，募集社債の総額，金額，利率，償還の方法・期限等の事項などを定める必要がある（676条）。

Ⅳ-4　株式会社の機関構造

(1)　株式会社の機関構造とコーポレート・ガバナンス

　株主は，実質的には株式会社の共同所有者であり，会社に対する支配権・経営権を有しているはずである。しかし，均一で多数の割合的単位に細分化された株式制度のもとに集まった不特定多数の株主が，直接的に会社を経営することは不可能であり，現実的ではなく，むしろ経営能力を持っている者に委ねることが合理的であるので，そのための機関が必要となる。他方で，こうした者たちの経営を監視・監督する機関も必要となる。それ故，こうした機関相互の抑制や均衡を図った様々な制度を会社法が用意している（機関設計制度）。

　特に，どのようなかたちで経営陣を監視・監督するための制度とするかという問題がある（コーポレート・ガバナンス）。しかし近年では，企業経営者の独走を牽制するというという観点等から，社外取締役が重視されている。社外取締役とは，会社内部から昇格した取締役ではなく，会社法2条15号に定められた，その会社やグループ会社などと利害関係を持たない，会社外から迎えた取締役のことをいい，その役割が期待されている。

　コーポレート・ガバナンスという議論は，企業の透明性・健全性という点だけでなく，中長期的な企業の価値向上などの点まででも議論されている。

(2)　会社法における多様な機関設計

①　機関設計とは

　機関設計とは，会社法が定める機関，すなわち株主総会，取締役，取締役会，監査役などを，どのように組み合わせて会社の機関構造とするかをいう。この機関設計について会社法は，各会社がその会社の実態に応じて，自由に機関を選択できるようになっている。すなわち，会社は，最も基本形である「株主総会＋取締役」という会社形態にはじまり（会326条1項），一定の制限があるものの，その他の機関（取締役会，会計参与，監査役，監査役会，

会計監査人，監査等委員会または指名委員会等）を，どのように組み合わせて会社の機関構造とするかの選択ができる（会326条〜328条）。

② 株主総会

出資者である株主は，原則として，株主総会に参加し，経営を委ねる取締役などの選任をはじめとする各種の議案に対して賛否をとなえる（所有と経営の分離）。ただし，株主は，その保有する株式数の割合に応じて，株主総会の決定や会社に一定の影響を与える。例えば，議決権の1％以上または300個以上の議決権を有すれば株主総会への提案権を行使することができる（会303条）。また議決権の3％以上を取得した場合には，会計帳簿の閲覧等請求権（433条）や業務の執行に関する検査役の選任請求権（358条）を行使することができる。そして議決権の3分の1超を取得すれば，特別決議（3分の2以上）を要件とする議案（定款の変更，組織再編や解散などの重要な議案）が提案されても，その特別決議を阻止することができる（拒否権の発動）。それ故，会社としては，企業経営をするにあたり3分の1以上を有する株主に対しては，注意が必要である。

さらに，議決権の過半数を取得すれば，自分の意向に沿った取締役の選任・解任をすること，いわゆる経営権を獲得する。また，議決権の3分の2以上を取得すると，拒否権を気にせずに経営ができ，前述の特別決議を要件とする議案を通すことができる。そして，議決権の全てを取得すれば，その株主の考えで会社経営の全てをなすことができる。

株主総会は，それぞれの株主が権限を行使しながら，他の株主や経営陣とその会社の経営について"建設的な対話"をする場であるべきものの，時として対決的な場となることがある。

(3) 代表的な株式会社の機関設計

ここでは，公開・大会社の株式会社の機関構造について取り上げる。

① 監査役会設置会社

機関構造が「株主総会＋取締役会＋監査役会＋会計監査人」となっている，

監査役会設置型の株式会社である。この会社形態は，経営の意思決定機関である取締役会に業務執行の権限と責任を集中させ，これに対する監査機能として取締役会から独立した監査役・監査役会にそれを担わせている。

　取締役会は，取締役3人以上で組織され（会331条5項・362条1項），会社の業務執行を決定し，そして取締役の職務の執行を監督する（362条2項）。取締役会の決議により会社の意思が決定されると，それを取締役会の中から選定された代表取締役が会社を代表する（349条4項）。

　監査役は，取締役の職務執行を監査する独任制の機関である（会381条1項）。監査役は，その監査役3人以上で監査役会を組織し，そのうち半数以上は社外監査役（2条16号）でなければならない（335条3項）。さらに，監査役会は，監査役の中から常勤監査役を選定しなければならない（390条3項）。こうした体制の監査役会を要求する趣旨は，監査役による監査を組織的に実施し，その実効性を高めるためである。

　なお，監査役会設置会社（公開会社であり，かつ，大会社であるものに限る）であって金商法24条1項の規定によりその発行する株式について有価証券報告書を内閣総理大臣に提出しなければならないものは，社外取締役を置かなければならない（会327条の2）。

②　監査等委員会設置会社

　機関構造が「株主総会＋取締役会＋監査等委員会＋会計監査人」となっている，監査等委員会設置型の株式会社である（会2条11号の2）。これは，取締役会の経営に対する監督機能の強化をめざしたもので，監査役会設置型と指名委員会等設置型の中間的な株式会社形態といえる。自ら業務執行をしない社外取締役を複数置くことで業務執行と監督の分離を図りつつ，そのような社外取締役に監査・監督機能を果たさせようとする制度になっている。

　監査等委員会の委員である取締役は，それ以外の取締役と区別して，株主総会の普通決議により選任される（329条2項。ただし，解任は株主総会の特別決議（344条の2第3項・309条2項7号））。

　そして，監査等委員会は，監査等委員である取締役3名以上（過半数は社

外取締役）で構成されるが（会331条 6 項），そこでは取締役の業務執行の監査・監督を担う（399条の 2 第 3 項 1 号）。そのため監査等委員会設置会社は，監査役を置くことができない（327条 4 項）。取締役会での議決権を持つ監査等委員である取締役は，取締役会の構成員としての監督の職務と，監査などの職務の両方を担うことになる。

　代表取締役は，監査等委員でない取締役の中から選定され（会399条の13第 3 項），会社を代表する。

③　指名委員会等設置会社

　これは，「株主総会＋取締役会＋指名員会等＋会計監査人」となっている，指名委員会等設置型の株式会社である。この株式会社形態の趣旨は，業務執行機能と監督機能を明確に分離し，経営の透明性を高めるとともに，迅速・果断な業務執行によってより収益の向上を図ることを狙った会社形態である。そのため，経営の監督機能は取締役会が担い，業務執行機能は執行役が行う（会402条 1 項）。そして，代表執行役が会社を代表する（420条 1 項）。

　指名委員会等は，取締役会の中に， 3 つの委員会，「指名委員会」，「監査委員会」および「報酬委員会」が置かれる（会 2 条12号）。各委員会は委員（取締役） 3 人以上で構成され，各委員会の委員の過半数を社外取締役（ 2 条15号）が占める（400条）。まず指名委員会は，株主総会に提出する取締役の選任・解任に関する議案の内容を決定する（404条 1 項）。これは，取締役会からの影響を受けないようにするため，指名委員会にこの議案の決定権を持たせている。そして，監査委員会は，全員が取締役会の一員として監督権限を行使する立場にある取締役であるから（362条 2 項 2 号），その職務としては，執行役などの職務執行の適法性だけでなく，妥当性に及ぶので，執行役・取締役の職務執行の監査および監査報告の作成などを行う（404条 2 項）。そのため，監査役を置くことができない。さらに，報酬委員会は，執行役等の個人別の報酬等の内容を決定する（404条 3 項）。

Ⅳ－5　経営とその責任

(1)　近年の企業の経営とその責任

　近年の企業社会では，ROE経営，ESG経営，サステナブル経営などの提言がなされている。ROE（自己資本利益率）とは，株主が拠出した資本を利用して，会社がどれだけの利益を上げているかを表す財務指標であるが，その指標を意識した経営をいう。また，ESGとは，Environment（環境），Social（社会），Governance（ガバナンス）のことであるが，この3つの要素を積極的に取り組んだ経営が重視されている。さらに，サステナブル経営とは，持続可能な社会の実現に向け，環境・社会・経済の持続可能性への配慮により，様々なステークホルダーと共存しながら中長期的な視点で事業の持続可能性を図る経営をいう。こうした視点の取組みが弱いと，機関投資家などから，株主総会で取締役選任議案に対して反対票が投じられたり，株主提案がなされる。会社に対してガバナンスの改善などの提案を行う株主を物言う株主といったりする。

　そして，こうしたことを意識した経営により，中長期の企業価値向上に対応させるべく，役員たちの報酬を業績や株価に連動させるなどの役員報酬プランの導入を促す動きが出てきている（インセンティブ報酬）。

　他方で，粉飾決算等の不正会計や品質・データ偽装などの企業不祥事が後を絶たず，そのたびに経営陣の経営責任や社会的責任が問われている。

(2)　役員と株式会社との関係

　役員（取締役，会計参与および監査役をいう）・会計監査人は株主総会で選任されるが（会329条1項），その選任された役員・会計監査人と株式会社との関係は，委任に関する規定に従う（330条）。つまり，株式会社と役員・会計監査人との法的関係は委任契約であり，役員・会計監査人は，委任の本旨に従い，善良なる管理者の注意をもって委任事務を処理する義務を負う（民644条：善管注意義務）。善管注意義務とは，その地位にある者に一般的に要求される程

度の注意を持ってその職務を遂行する義務である。例えば，取締役であれば，取締役としての地位にある者に一般的に要求される程度の注意を持ってその職務を遂行する義務である。

さらに取締役は，法令および定款ならびに株主総会の決議を遵守し，会社のため忠実にその職務を行わなければならない（会355条：忠実義務）。忠実義務は，善管注意義務の規定を具体化したものであるとされている。

(3) 会社に対する責任

会社と役員の関係は，委任に関する規定に従う（会330条）。それ故，取締役は会社に対して善管注意義務（民644条）を負っているので，この義務に違反した場合には，会社に対して債務不履行の一般原則により損害賠償責任を負う（民415条）。しかし，会社法は，特に役員たちの株式会社に対する損害賠償責任の規定を設けており，役員は，その任務を怠ったときは，株式会社に対し，これによって生じた損害を賠償する責任を負うとした（423条・430条）。

(4) 株主による責任追及等の訴え

① 株主による責任追及等の訴えの意義

役員たちの決定や行動などにより会社に損害を与えたにもかかわらず，被害者である会社がその責任を追及しない場合，株主は一定の要件のもとに，会社のために訴えを提起することができるとした。それが，株主による責任追及等の訴え（株主代表訴訟）である（会847条以下）。

② 手　　続

6か月前から引き続き株式を有する株主は，株式会社に対し，書面により，役員等の責任を追及する訴えの提起を請求することができる（会847条1項。非公開会社にあっては，6か月の保有期間は不要（同条2項））。訴えを提起する際には，13,000円の印紙を貼付しなければならない（847条の4第1項，民事訴訟費用等に関する法律4条2項・別表第一）。

会社がその請求の日から60日以内に責任追及等の訴えを提起しないときは，

当該請求をした株主は，会社のために，責任追及等の訴えを提起することができる（会847条3項）。ただし，60日の期間の経過により会社に回復することができない損害が生ずるおそれがある場合には，その株主は，株式会社のために，直ちに責任追及等の訴えを提起することができる（847条5項）。

他方，会社は，請求の日から60日以内に責任追及等の訴えを提起しない場合，当該請求をした者に対し，遅滞なく，責任追及等の訴えを提起しない理由を書面で通知しなければならない（会847条4項）。

なお，被告たる取締役が，原告株主等による責任追及の訴えの提起が悪意に出たものであることを疎明したときは，裁判所は相当の担保の提供を命ずることができる（会847条の4第2項・3項）。

(5) 特定責任追及の訴え

① 特定責任追及の訴えの意義

最終完全親会社等の株主による特定責任追及訴訟（多重代表訴訟）とは，企業グループの頂点に位置する株式会社（最終完全親会社等）の株主が，その子会社（孫会社も含む）の取締役等の責任について代表訴訟を提起することができる制度である（会847条の3）。株主代表訴訟は，ある会社の株主が当該会社の取締役等に対して提起するものであって，親会社とは法人格が異なるため，当然親会社の株主が子会社の取締役等に対して代表訴訟を提起することはできなかった。また，親会社が他会社の100％の株式を所有する（完全親（子）会社）場合には，その子会社の取締役の行為により当該子会社が損害を受ける場合でも，その子会社取締役と親会社の関係（人的関係や仲間意識など）から，子会社の取締役の責任を追及することを懈怠するおそれが類型的かつ構造的に存在する。そのため，その子会社の損害が賠償されず，その結果として当該親会社ひいてはその株主が不利益を受けることになる。

② 手　　続

6か月前から引き続き株式会社の最終完全親会社等（当該株式会社の完全親会社等であって，その完全親会社等がないものをいう）の総株主（株主総

会において決議をすることができる事項の全部につき議決権を行使することができない株主を除く）の議決権の100分の１以上の議決権を有する株主または当該最終完全親会社等の発行済株式の100分の１以上の数の株式を有する株主は，当該株式会社（子会社）に対し，書面により，特定責任に係る責任追及等の訴えの提起を請求することができる（会847条の３第１項。非公開会社の最終完全親会社等は，６か月の保有期間は不要（847条の３第６項））。

　つまり，６か月前から引き続き最終完全親会社等（子会社の株式を100％所有している会社）の100分の１以上の議決権を有する株主等は，その子会社の取締役等の責任を追及する株主代表訴訟を提起することができる。ただし，その子会社が親会社にとって一定の重要性を持つ必要があるということから，子会社の取締役等の責任の原因となった事実が生じた日において最終完全親会社等およびその完全子会社等における当該株式会社の株式の帳簿価額が当該最終完全親会社等の総資産額として法務省令（会社規218条の６）で定める方法により算定される額の５分の１を超える場合における当該発起人等の責任（特定責任）を対象としている（会847条の３第４項）。

　株式会社がこの請求の日から60日以内に特定責任追及の訴えを提起しないときは，当該請求をした最終完全親会社等の株主は，株式会社のために，特定責任追及の訴えを提起することができる（会847条の３第７項）。ただし，期間の経過により株式会社に回復することができない損害が生ずるおそれがある場合には，その株主は，株式会社のために，直ちに特定責任追及の訴えを提起することができる（847条の３第９項）。

⑹　役員等の第三者に対する責任

　取締役は，会社に対して任務を果たす義務を負っているのであるから，この義務に違反した場合には，本来会社に対して責任を負うはずである。しかし，役員等がその職務を行うについて悪意または重大な過失があったときは，当該役員等は，これによって第三者に生じた損害を賠償する責任を負う（会429条１項）。これは，第三者を保護するため，法定の特別責任と解されている。

Ⅳ-6 企業組織再編・企業結合

⑴ 企業の組織再編・企業結合とは何か

　会社は，経営環境の変化に対して競争力の強化や事業拡大のため，あるいは不採算事業から撤退し効果的・効率的な事業運営を図るために，M&Aやそのグループの不採算部門の分離・統合が必要となる場合がある。そのため，会社法では，組織再編として合併，会社分割，株式交換・株式移転の制度や，その会社の事業を譲渡する手法である事業譲渡の制度などを整備している。

　会社法には，通常の組織再編手続よりも簡略な手続による略式組織再編制度や少数株主を締め出していく対価の柔軟化の規定を設けている。対価の柔軟化とは，吸収合併・吸収分割・株式交換を行うに際して，消滅会社等の株主に対して存続会社等の株式に限らず，金銭その他の財産（社債，新株予約権，親会社の株式など）を交付することである。

　また，2014（平成26）年会社法改正では，少数株主を排除する方法である「特別支配株主の株式等売渡請求」制度が創設され，さらに，2019（令和元）年の改正では，「株式交付」制度が創設された。会社は，再編後の企業グループの再構築やグループ事業の戦略をより行いやすくなったといえる。

　いずれの組織再編も，原則として，株主総会の特別決議が要求されたり，これに反対する株主には株式の買取請求権が認められる。また，会社債権者の利害に関係する組織再編にあっては，債権者保護手続を経る必要がある。

　なお，再編対象会社や事業規模が小規模の場合など，一定の要件を満たす場合の「簡易組織再編」といった場合には，株主総会の承認を省略できたり，また，特別支配関係（他の会社の議決権の90％以上を保有する関係）にある会社間の組織再編については，被支配会社の株主総会の承認を省略できる。

⑵ 合　　　併

　合併とは，2つ以上の会社が合同して一つの会社になることであるが，会社

法では「吸収合併」と「新設合併」という2つの方法を設けている。

　吸収合併は，会社（A会社）が他の会社（B会社）と一つに統合する組織再編で，合併により消滅する会社（B会社）の権利義務の全部を合併後存続する会社（A会社）に承継させるものである（会2条27号）。他方，新設合併とは，2以上の会社（X会社，Y会社など）が一つに統合する組織再編で，合併により消滅する会社（X会社，Y会社など）の権利義務の全部を合併により設立する会社（Z会社）に承継させるものである（2条28号）。

　合併により，権利義務のすべてが包括承継されるので，個々の権利義務の移転手続が不要となる。賃貸借契約上の地位や労働契約関係も承継される。また，株式交換・株式移転と同様に，検査役の調査が不要である。他方，合併会社は被合併会社の債務や契約上の地位を包括的に承継するので，被合併会社に簿外債務や偶発債務が存在する場合もあり，合併会社がその存在を確認していなくてもその負債が合併会社に承継される危険がある。

(3) 会 社 分 割

　会社分割には，「吸収分割」と「新設分割」の2つの方法が用意されている。優良事業部門と不採算事業部門を切離して再生を図る場合や，異なる企業の同一部門をお互いに分離後に統合する場合などに用いられる。

　吸収分割とは，株式会社または合同会社（分割会社）がその事業に関して有する権利義務の全部または一部を分割後他の会社（承継会社）に承継させることをいう（会2条29号）。分割会社は，承継会社からその対価として，金銭等（現金，株式，社債など）を受取ることになる。他方，新設分割は，1または2以上の株式会社がその事業に関して有する権利義務の全部または一部を分割により設立する会社（新設会社）に承継させることをいう（2条30号）。こちらは分割会社が受ける対価は新設会社が発行する株式か社債等に限られる。

　会社分割は，(a)検査役の調査が不要であること，(b)債務について債権者の個別の承諾が必要であった現物出資や事業譲渡の場合と違い，会社分割は，分割会社の権利義務は包括的に承継会社に承継されるので，原則として，債権者に

個別の承諾を得ることなく，債務や契約上の地位を包括的に承継会社に引継ぐことがでること，(c)対価が金銭である事業譲渡とは違い，会社分割（吸収分割）の場合は，対価の柔軟化が認められているので，対価を株式にすれば，資金の準備の必要がないことである。

他方，会社分割は，(a)分割会社が資金を必要とする場合には使えないこと，(b)承継会社は分割会社の債務や契約上の地位を包括的に承継するので，分割時に分割会社に簿外債務がある場合，承継会社がその存在を確認していなくてもその負債が承継会社に承継される危険があることなどである。

⑷　株式交換・株式移転

株式交換とは，株式会社（B会社）がその発行済株式の全部を他の株式会社（A会社）に取得させることをいう（会2条31号）。完全親会社になろうとする既存の会社が，完全子会社となる会社の株主の有する株式を100％取得し，その対価として完全親会社となる会社の株式や社債などを交付するものである。つまり，既存の会社（A会社）が他の会社（B会社）を100％子会社とする手続であり，完全親子会社関係の創設による企業グループの形成を，簡易かつ円滑に行おうとするものである。

株式交換は，(a)金銭の代わりに株式や自社株式を用いるため，資金の準備の不要なこと，(b)株式交換後も別会社にしておけるので，事業リスクや偶発債務のリスクを遮断できること等である。他方，株式交換は，(a)原則として株主総会などの手続が必要であり，単純な買収に比べ時間を要することである。

株式移転とは，1または2以上の株式会社（B会社など）がその発行済株式の全部を新たに設立する株式会社（A会社）に取得させることをいう（会2条32号）。つまり，既存の会社（B会社など）が，完全親会社（A会社）を設立し，自らは完全子会社となるための制度である。

株式移転も，検査役の調査が不要なので時間・費用のコストを削減できること，対価を金銭で支払う代わりに保有する株式の移転あるいは完全親会社の社債などで済むので，資金の準備が不要である。

(5)　特別支配株主の株式等売渡請求

　特別支配株主の株式等売渡請求とは，会社の総株主の議決権の10分の9以上を有している株主（特別支配株主）が，キャッシュ・アウト（支配株主が少数株主の有する株式の全部を，少数株主の個別の承諾を得ることなく，金銭を対価として取得すること）を行うことを可能とするものである（会179条）。

(6)　株 式 交 付

　株式交付制度は，組織再編の一類型であるが，株式会社（A社）が他の株式会社（B社）をその子会社とするために，当該他の株式会社（B社）の株式を譲り受け，当該株式の譲渡人に対して当該株式の対価として当該株式会社（A社）の株式を交付することをいう（会2条32号の2）。すなわち，完全親子会社関係を形成するための手法である株式交換制度とは異なり，必ずしも100％子会社化としなくても，他の株式会社を自社の子会社とすることができる制度である。そして，A社は現金対価を用意する必要はなく，自社の株式を対価として対象企業（B社）を子会社化することができる。

(7)　事 業 譲 渡

　事業譲渡とは，会社（譲渡会社）の事業の全部または一部を他の会社（譲受会社）に譲渡することである。ここで事業とは，一定の事業目的のために組織され，有機的一体として機能する財産・債務のほか，経営組織，ノウハウ，取引先との関係などを含む包括的な概念である。

　事業譲渡契約において譲渡の対価が決定されるので，譲渡人は現金を得ることができる。また，事業譲渡は，合併や会社分割とは違い，単なる取引上の契約（売買契約に類似する債権契約）であるので，債権者保護の手続は不要である。しかし，譲渡対象の個別の権利義務について移転手続が必要であり，債権者や相手方の承諾が必要となるので，そのためのコストがかかる。

Ⅳ－7　会社の設立

(1)　会社の設立について

　事業の開始にあたって，その事業を個人形態か法人である会社形態にするのか，そして会社形態の場合，株式会社なのか，あるいは近年増えてきている合同会社にするのか，その選択に迷うところである。実務的には，株式会社より，持分会社の合同会社が好まれている。株式会社だと，合同会社と比して，設立費用がかかってしまう（例えば，登録免許税や公証人による定款認証など）。合同会社の設立には，定款の認証手数料が不要であり，登録免許税も株式会社に比べ安い（電子定款の場合は，収入印紙代も不要）。

　株式会社より，合同会社が好まれる理由としては，設立費用の点だけでなく，経営の自由度や役員の任期，さらには利益配分などの点である。

　経営の自由度という点では，株式会社の場合，方針や重要事項の決定などは，株主総会を開催して決定しなければならない場合があるが，合同会社では所有と経営が一致しているので（出資者＝経営者），迅速な意思決定が可能となる。

　合同会社は，株式会社よりも，それぞれの事情に応じた組織運営が可能なので，経営の自由度を高めることができる（定款自治）。

　また株式会社の役員任期は，最長でも10年（会332条2項）であり，その都度，登記が必要であり，登録免許税がかかる。しかし，合同会社の場合は，役員の任期に制限はない。

　利益の配分について，株式会社は原則として出資比率に応じて利益を配分する必要があるが，合同会社は，出資比率に関係なく，社員間で自由に利益の配分を決定することができる（会621条2項）。

　さらに，株式会社は決算公告の義務があるが（会440条1項），合同会社の場合は，毎年の決算公告義務がないので，官報の掲載費が発生しない。

　こうしたことから，近年，海外の有名企業が合同会社を選択しており，認知度も上がってきている。

(2)　会社法における持分会社の設立

　持分会社のうち合資会社と合名会社は，会社債務について直接連帯無限の責任を負う社員がいるので，会社債権者の利益保護を考える必要がないから，定款を作成し（会575条），設立の登記をすれば，会社が成立する（579条）。

　合同会社は，社員の全員が間接有限責任しか負わないので，設立の登記までに出資の履行をしなければならない（会578条）。

　持分会社の設立に関する条文は非常に少なく（会575条〜579条），株式会社の設立とは違い，簡易に設立できる。

(3)　会社法における株式会社の設立手続

①　株式会社の設立について

　株式会社の場合には，持分会社とは違い，設立段階から財産的基礎を固めさせるため，詳細な手続規定が用意されている。なぜなら，株主は，いったん会社に出資してしまえば，あとは一切責任を負うものではないから（会104条：株主有限責任の原則），会社債権者にとって会社財産が唯一の担保となるので，会社の設立段階においても財産の確実性が要請されるのである。

②　株式会社の設立方法

　株式会社の設立方法には，発起人だけが出資して株主となる「発起設立」（会25条1項1号）と発起人以外の株式引受人を募集する「募集設立」（同条1項2号）がある。一般的には，発起設立の方法で設立されるので，ここでは発起設立のみ取り扱うこととする。

③　発起人と設立中の会社

　株式会社の設立には，設立の企画者である発起人を中心として設立手続が進む。発起人は，通常数名の発起人間で会社の設立を目的とした発起人組合（民667条）と呼ばれる組合契約が締結される。発起人は定款の作成など会社設立事務を執行することになるが，会社の設立を目的とした組合であるから，設立登記により会社が成立すれば，目的を達成して消滅する。

会社は登記によって突如として成立するものではなく，発起人による定款の作成に始まり，種々の設立手続により時間的経過を経て漸次成長発展する実体が存在する。この会社の前身ともいうべき実体を「設立中の会社」という。この設立中の会社と成立後の会社とは，実質的には同一のものである。

④ 定款の作成

発起人が会社の根本規則である定款を作成し，その全員で署名または記名押印をする（会26・27条）。その定款は，公証人の認証を受けることになる（30条1項）。定款の記載事項には，目的や商号などの絶対的記載事項（27条），現物出資や財産引受などの相対的記載事項（28条），取締役・監査役の員数や事業年度等の任意的記載事項（29条）の3種類がある。

(4) 会社の財産的基礎の確立

① 設立時発行株式の発行事項の決定

その定款に基づいて設立に際して株式を発行するための具体的な事項の決定がなされる。発起人は，(a)発起人が割当てを受ける設立時発行株式の数，(b)これと引換えに払込む金銭の額，(c)成立後の株式会社の資本金・資本準備金の額に関する事項などを，発起人の全員の同意により定める（会32条1項柱書）。ただし，会社が将来発行することができる株式の総数である発行可能株式総数については，設立中の株式引受けの状況を見極めながら，会社の成立の時までに定款に定めなければならない（37条）。

② 出資の履行

各発起人は，設立に際し，設立時発行株式（株式会社の設立に際して発行する株式）を1株以上引受けなければならないが（会25条2項），発起設立は発起人が設立時発行株式の全部を引受けることになる（同条1項1号）。

発起人は，設立時発行株式の引受け後遅滞なく，その引受けた設立時発行株式につき，その出資に係る金銭の全額を払込み，またはその出資に係る金銭以外の財産の全部を給付しなければならない（会34条1項）。

金銭の払込みは，発起人が定めた銀行・信託会社などの払込みの取扱いの

場所においてしなければならない（会34条2項，会社規7）。この払込金の保管は，口座の残高証明等の方法でなされればよいので，残高証明の日の翌日から，資金の利用が可能となる。

(5)　機関の具備

①　設立時役員等の選任等

出資の履行の完了後，会社の機関を具備させていくことになる。発起人は，出資の履行が完了した後，遅滞なく，設立時取締役（株式会社の設立に際して取締役となる者）を選任しなければならない（会38条1項）。そして，設立時に選択する会社の機関設計に基づいて，機関を具備していく必要がある（38条・39条）。こうした設立時役員等の選任は，発起人の議決権の過半数をもって決定する（40条1項）。

②　設立時取締役等による設立に関する調査

設立時取締役（監査役設置会社にあっては，設立時取締役および設立時監査役）は，その選任後遅滞なく，出資の履行が完了しているかなどの設立事項の調査しなければならない（会46条1項）。設立時取締役は，この調査により，各事項について法令・定款に違反し，または不当な事項があると認めるときは，発起人にその旨を通知しなければならない（同条2項）。

(6)　会社の成立

株式会社は，その本店の所在地を管轄する登記所で，設立の登記をすることにより成立する（会49条・911条1項）。登記の申請は，書面でもできるが，オンラインでも可能である（商登17条1項，商業登記規則101条1項）。

この設立登記がなされると法人格が与えられ，会社に法律上の権利能力が与えられることになる。つまり，会社は法人として権利義務の主体となる。

なお，会社の成立により，発起人や株式引受人は株主となり（会50条1項），設立中に選任された取締役や監査役は会社の機関となる。

金融商品取引法

Ⅴ-1　金融商品取引法概論

(1)　金融商品取引法とは

　金融商品取引法は，金融商品についての開示制度，取扱業者に係る規制を定めること等により，究極の目的として，国民経済の健全な発展および投資者の保護を掲げた法律である（1条）。つまり，「企業内容等の開示の制度を整備するとともに，金融商品取引業を行う者に関し必要な事項を定め，金融商品取引所の適切な運営を確保すること等」の手立てにより，「有価証券の発行及び金融商品等の取引等を公正にし，有価証券の流通を円滑にする」ほか，「資本市場の機能の十全な発揮による金融商品等の公正な価格形成等を図」ろうとする。

　金融商品取引法は，投資者の保護を目的としているが，投資者が投資したものの価値を保護するという意味ではない。投資は，有価証券等の取引で損失を被っても，投資者が自ら判断してその取引を行った限りは，その損失を自らが負担しなければならない（自己責任原則）。この原則の前提として，投資者に投資の判断を行ううえで必要となる正確で十分な情報が入手できる環境が必要であり，市場で不公正な取引がなされないように整備されている必要がある。

　他方で，こうした市場において会社が事業活動のために株式などで資金調達をする場合，発行予定の数量をすべて消化できるかは重要な事柄である。目的に達しない場合には，会社の事業展開に影響を与えるからである。それ故，資金調達となる資本市場は，市場機能が十全な発揮による金融商品などの公正な価格形成がなされる健全な市場でなければならない。また金融商品取引所の適切な運営，金融商品取引業者に対する規制も必要となる。

(2)　金融商品取引法の構造

　(a)開示規制として，「第2章　企業内容等の開示」，「第2章の2　公開買付けに関する開示」，「第2章の3　株券等の大量保有の状況に関する開示」，「第2章の4　開示用電子情報処理組織による手続の特例等」，「第2章の5　特定証券

情報等の提供又は公表」,「第2章の6　重要情報の公表」がおかれている。

　(b)金融商品を扱う業者や金融商品取引所等の市場関係者規制として,「第3章　金融商品取引業者等」,「第3章の2　金融商品仲介業者」,「第3章の3　信用格付業者」,「第3章の4　高速取引行為者」,「第4章　金融商品取引業協会」,「第4章の2　投資者保護基金」,「第5章　金融商品取引所」,「第5章の2　外国金融商品取引所」,「第5章の3　金融商品取引清算機関等」,「第5章の4　証券金融会社」,「第5章の5　指定紛争解決機関」などがおかれている。

　(c)有価証券取引に関する規制として,「第6章　有価証券の取引等に関する規制」がおかれている。

　(d)課徴金や罰則などのエンフォースについては,「第6章の2　課徴金」,「第7章　雑則」,「第8章　罰則」,「第8章の2　没収に関する手続等の特例」,「第9章　犯則事件の調査等」がある。

(3)　有価証券とは

　金融商品取引法の適用対象は,有価証券とデリバティブ取引であり,有価証券は,2条1項の有価証券と2条2項の有価証券がある。

　2条1項の有価証券は,証券や証書といった紙片として発行されている有価証券で,国債証券,地方債証券,社債券,株券,新株予約権証券,投資信託の受益証券,コマーシャルペーパーなどである。権利を表章した証券・証書である(1項各号)。他方,2条2項の有価証券は,紙片で発行されていないが,証券とみなされるものである(みなし有価証券)。例えば,信託の受益権(1号),外国の者に対する信託受益権(2号),合名会社・合資会社・合同会社の社員権,民法の組合契約や商法の匿名組合契約などに基づく出資対象事業から生ずる収益の配当や財産の分配を受ける権利(3号)などである。

　ただし,2条1項各号に掲げる有価証券(抵当証券を除く)に表示されるべき権利である有価証券表示権利(2項前段:例えば,株券不発行の株式など)と特定電子記録債権(2項中段)は,2条1項の有価証券の中に含め,「第1項有価証券」という。この2つを除いたものを「第2項有価証券」という。

Ⅴ-2　開示規制

(1)　企業内容等の開示の必要性

　企業をめぐっては，株主，投資者，取引先などの多くの利害関係者が存在する。こうした利害関係者の判断材料として，企業内容を開示することが要請される。しかし，企業の開示内容を，各企業の自主的な判断に任せてしまうと，自己に都合の良い情報しか出さなかったり，また開示項目が統一されていないために他企業と比較しにくくなってしまう。

　また，投資は，有価証券等の取引で損失を被ったとしても，投資者が自ら判断してその取引を行った限りは，その損失を自らが負担しなければならない（自己責任原則）。しかし，この原則の前提として，投資者に投資の判断を行ううえで必要となる正確で十分な情報が，提供されている必要がある。

　そこで，金融商品取引法では，有価証券の発行市場・流通市場において，投資者が投資の判断を行ううえで必要となる十分な資料を提供するため，有価証券の発行者等に有価証券届出書や有価証券報告書などの各種開示書類の提出を義務づけ，これらの書類を公衆縦覧に供することにより，投資者保護を図ろうとする（ディスクロージャー制度）。

　上記の開示書類は，EDINET（Electronic Disclosure for Investors' NETwork）を使って提出することになっている。EDINETは，金融庁が運営する有価証券報告書などの開示書類に関する電子開示システムのことである（金商法27条の30の2以下）。上記の書類の提出から公衆縦覧などに至るまでの一連の手続を電子化するために開発されたシステムである。必要な情報をEDINETに送信し，電子開示手続が完了すると，金融商品取引所や認可金融商品取引業協会に有価証券届出書の写しが提出されたことになり（27条の30の6），これらの情報は金融商品取引所や金融庁のサイト等を通じて，投資者に公開されることとなる（27条の30の7・27条の30の8・27条の30の10）。

(2)　発行市場における開示制度

①　発行市場における開示制度の意義

　発行市場とは，新たに株式や社債等の有価証券を発行することで資金調達を行う市場をいう。発行市場における開示制度は，「有価証券の募集または売出し」の際に，発行者に情報開示を行わせ，投資者が発行される有価証券を取得するか否かの投資判断に必要な情報を開示させる制度である。

　「有価証券の募集」とは，新たに発行される有価証券の取得の申込みの勧誘（取得勧誘）をする行為である（金商法2条3項各号）。また「売出し」とは，既に発行された有価証券の売付けの申込みまたはその買付けの申込みの勧誘をいう（2条4項各号）。大株主がその所有する多くの株式を売却する場合には，新規発行と同様に情報開示をさせる必要があるため，この場合も発行市場規制に含めている。

②　届 出 義 務

　有価証券の募集または売出しに該当する場合，原則として「有価証券届出書」または「発行登録書」を内閣総理大臣に提出しなければならない（金商法5条・23条の3）。

　発行開示が義務づけられる理由は，短期間に大量の有価証券の販売がなされると，投資者に短期間での投資判断を迫られるという販売圧力がかかるので，投資者に適切な投資判断を行わせるためである。それ故，適格機関投資家に募集または売出をする場合，既に開示が行われている有価証券の売出しなど一定の要件を満たす場合には開示義務はない（金商法4条1項但書）。

③　有価証券届出書

　有価証券届出書には，「第1部 証券情報」として募集要項，売出要項など，「第2部 企業情報」として企業の概況，事業の状況，設備の状況，提出会社の状況，経理の状況など，「第3部 提出会社の保証会社の情報」，「第4部 特別情報」として最近の財務諸表，子会社の財務諸表などが記載される。

　有価証券届出書の提出は，原則として「完全開示方式」（2号様式）とよ

ばれる様式で作成する（企業開示府令8条1項1号）。しかし，一定の条件を満たす場合には，直近の有価証券報告書などの継続開示書類の写しを有価証券届出書にとじ込み，一定の事項（追完情報）を記載することにより，企業情報に代えることができる「組込方式」（2号の2様式）（金商法5条3項，企業開示府令9条の3）や直近の有価証券報告書などを参照すべき旨を有価証券届出書に記載したときは，企業情報の記載をしたものとみなされる「参照方式」（金商法5条4項，企業開示府令9条の4）がある。

有価証券届出書に記載される連結財務諸表を含む財務諸表は，特別の利害関係のない公認会計士または監査法人による監査証明を受けなければならない（金商法193条の2）。発行の場面で，開示の適正化を図るものである。

④　**届出手続と効力**

(a)　届出書の提出前

有価証券の募集は，発行者が当該有価証券の募集または売出しに関し内閣総理大臣に届出をしない限り，投資者に証券の取得を勧誘したり，有価証券の売付け（契約の締結）をしてはならない（金商法4条1項）。

(b)　届出書を提出した日から届出の効力発生日まで

届出がその効力を生じているのでなければ，募集または売出しにより取得させ，または売付けてはならない（金商法15条1項）。この期間は，届出をすると投資者に募集または売出しにかかる取得の勧誘をすることができるが，まだ取得させることはできない。この効力発生日までの期間を「待機期間」というが，投資判断に熟慮が必要な期間とされている。

(c)　届出の効力発生後

届出の効力が発生すると，投資者に目論見書を交付して取得させ，または売付けることができる（金商法15条1項・2項・5項）。

⑤　**目　論　見　書**

「目論見書」とは，有価証券の募集または売出しのために当該有価証券の発行者の事業その他の事項に関する説明を記載する文書であって，相手方に交付し（交付目論見書），または相手方からの交付の請求があった場合に交

付するもの（請求目論見書）をいう（金商法2条10項）。投資者に直接交付される開示書類である（直接開示）。

　目論見書は，募集または売出しにより取得させ，または売付ける場合に，これをあらかじめまたは同時に交付しなければならない（金商法15条2項）。ただし，一定の要件を満たした場合には，交付義務が免除される。

(3)　発行登録制度

　発行登録制度は，市場の状況に合わせた機動的な資金調達ができるようにするための制度である。有価証券の募集や売出しを予定している発行者が，発行予定期間，有価証券の種類，発行予定額または発行・売出しの限度額などを記載した発行登録書を内閣総理大臣に提出しておくと，それ以後の一定期間（1年または2年）に限って，発行価額や発行条件などを記載した発行登録追補書類を提出すれば，当該有価証券を取得させ，または売付けることができる（金商法23条の3以下）。この期間に限り，有価証券届出書の提出が不要となる（23条の3第3項）。ただし，参照方式を利用できる者に限られている。

(4)　発行開示に関する違反行為に対して

　有価証券届出書などの発行開示書類の不提出または虚偽記載などのある発行開示書類の提出がなされ，当該募集により投資者に有価証券を取得させまたは売付けた場合は，行政府による課徴金が課される（金商法172条・172条の2）。

　有価証券届出書に重要な事項につき虚偽記載などがあるときは，その届出者（発行者）は，当該有価証券を募集・売出しに応じて取得した者に対して，無過失の損害賠償責任を負う（金商法18条1項）。

　刑事責任として，罰金などが科される（金商法197条1項1号・207条）。

Ⅴ-3　流通市場の開示制度

(1)　流通市場における開示制度

①　発行市場における開示制度の意義

　流通市場とは，既に発行された株式などが，投資家などに転々と流通・売買される市場のことで，そうした市場での投資先企業などの情報を，継続して定期的にあるいは臨時的に開示させるための制度を，継続開示制度という。

　例えば，1年に1回の有価証券報告書（金商法24条1項），内部統制報告書・確認書（24条の4第1項），半期に1回の半期報告書（24条の5第1項），臨時的な臨時報告書（24条の5第4項）などがある。

(2)　有価証券報告書等の提出

①　有価証券報告書

　金融証券取引所に上場している有価証券の発行者や募集または売出しにつき有価証券届出書を提出した有価証券の発行者等は，事業年度経過後3か月以内に，当該会社の経理の状況その他事業内容に関する重要な事項が記載された「有価証券報告書」を，内閣総理大臣に提出しなければならない（金商法24条1項）。

　有価証券報告書の記載には，財務情報としては，「経理の状況」として連結財務諸表等と財務諸表等があるが，こうした財務情報は過去の実績に基づく定量評価であり，将来の企業の価値を把握することが難しい。近年では，定性情報として，非財務情報によるディスクロージャーの重要性が議論されている。その記載事項は，経営理念，経営戦略，経営課題，ESGやCSR（Corporate Social Responsibility（企業の社会的責任））に関する取組み，事業リスク，サステナビリティをめぐる課題への取組みなど多岐にわたる。

　上記の会社は，この有価証券報告書と併せて，内部統制報告書，さらにその記載内容の適正性を確認する確認書を提出する必要がある。

②　有価証券報告書の監査

　有価証券報告書に記載の財務諸表及び連結財務諸表は，公認会計士または監査法人による監査証明が必要となる（金商法193条の２第１項，監査証明府令１条）。監査証明は，有価証券届出書，半期報告書でも必要となる。

③　確　認　書

　上場会社は，有価証券報告書，半期報告書の記載内容が金融商品取引法令に基づき適正であることを確認した旨を記載した「確認書」を，各報告書と併せて内閣総理大臣に提出しなければならない（金商法24条の４の２第１項・24条の４の８第１項）。記載内容の適正性を高めるためのものである。

④　内部統制報告書

　有価証券報告書を提出しなければならない会社のうち，上場会社等は，事業年度ごとに，当該会社の属する企業集団及び当該会社に係る財務計算に関する書類その他の情報の適正性を確保するための体制について評価した「内部統制報告書」を有価証券報告書と併せて内閣総理大臣に提出しなければならない（金商法24条の４の４第１項）。内部統制報告書の記載事項としては，財務報告にかかる内部統制の基本的枠組みに関する事項，評価の範囲，基準日，評価手続に関する事項などが記載される（24条の４の４第１項，内部統制府令４条１項，第１号様式）。

　この内部統制報告書は，内部統制を整備・運用する役割と責任を有する経営者に対して，その内部統制の整備・運用と有効性を自ら評価させ，その結果を外部に報告させるものである。

　そして，この内部統制報告書は，内容の信頼性を確保するため，特別の利害関係のない公認会計士または監査法人の監査証明（内部統制監査報告書）を受けなければならない（193条の２第２項，内部統制府令１条２項・６条）。内部統制監査報告書は，経営者による内部統制の有効性の評価結果に対して監査人が監査結果に対して，「無限定適正意見」，「不適正意見」，「限定付適正意見」，「意見不表明」のいずれかで意見表明する。しかし，この監査証明は，あくまでも経営者の評価結果の表示の適正さについての意見であり，内

部統制の有効性自体の評価でないことに留意する必要がある。

(3) 他の継続的開示

① 四半期開示

投資者に対し，当該有価証券の発行会社の企業業績等に関する情報をより頻繁に提供させるため，有価証券報告書の提出が義務づけられている上場会社等は，その事業年度が3か月を超える場合には，3か月ごとに区分した各期間ごとに，当該会社の属する企業集団の経理の状況その他重要事項を記載した「四半期報告書」を各期間経過後45日以内の提出と（金商法24条の4の7），四半期財務諸表・四半期連結財務諸表に対する公認会計士または監査法人の監査証明（四半期レビュー）が要求されていた。

しかし，2024年度から，全ての有価証券報告書の提出会社は，この四半期報告書に代わり，半期報告書の提出が義務付けられることになる予定である。これに伴い，四半期報告書の提出に関する規定が削除される。以前より，上場企業より，金融商品取引法上の「四半期報告書」と証券取引所による「四半期決算短信」があり，重複による業務の負担などの理由から簡素化すべきという意見があった。こうした流れに対応するものである。

② 半期報告書

有価証券報告書提出会社で四半期報告書提出会社以外の会社は，事業年度ごとに，当該事業年度が開始した日以後6か月間の当該会社の属する企業集団および当該会社の経理の状況その他事業の内容に関する重要な事項などを記載した「半期報告書」を6か月経過後3か月以内に内閣総理大臣に提出しなければならない（金商法24条の5第1項）。半期報告書の様式は内閣府令で定められている（企業開示府令18条1項）。公認会計士または監査法人による監査証明が必要となる（金商法193条の2第1項）。

③ 臨時報告書

有価証券報告書提出会社は，一定の重要な事実が発生した場合（連結子会社の発生事象も含む）には，その内容を記載した「臨時報告書」を遅滞なく，

内閣総理大臣に提出しなければならない（金商法24条の5第4項）。投資者に最新の情報を提供するためである。重要な事実とは，親会社の異動，主要株主の異動，重要な災害の発生，損害賠償が提起されたこと，組織再編を決定した場合，会社の財務状態および経営成績に著しい影響を与える事象の発生（純資産額の100分の3以上，純利益の100分の20以上に相当する額）等である（企業開示府令19条2項）。

⑷　継続開示に関する違反行為に対して

有価証券報告書およびその添付書類などについて形式上の不備があり，またはその書類に記載すべき重要な事項の記載が不十分であると認めるときは，その提出者に対し，訂正報告書の提出を命ずることができる（金商法24条の2第1項・24条の4の7第4項・24条の5第5項）。

また，有価証券報告書にも，重要な事項について虚偽や誤解を生じさせるような記載がある場合には，それにより生じた損害を賠償する責任がある（金商法21条の2）。

刑事責任として，罰金などが科される（金商法197条1項1号）。

⑸　取引所規則に基づく開示制度

上場会社は，前述の金商法に基づく法定開示以外に，その証券取引所の規則（有価証券上場規程）に基づいて，適時開示（タイムリー・ディスクロージャー）が要求されている。

適時開示には，有価証券の投資判断に重要な影響を与える上場会社の業務，運営または業績等に関する情報である会社の重要情報の適時開示（決定事実，発生事実）と，定期的な開示が要求される「決算情報」の適時開示（決算短信，四半期決算短信，業績予想・配当予想の修正等など）がある。

東証では，こうした情報をTDnet（Timely Disclosure network）という適時開示情報伝達システムを利用することが義務づけられている。

Ⅴ－4　株式の大量取得・保有に関する制度（企業の支配に関する開示制度）

(1)　公開買付け

①　規制の意義

　公開買付けとは，不特定かつ多数の者に対し，公告により株券等の買付け等の申込み又は売付け等（売付けその他の有償の譲渡をいう）の申込みの勧誘を行い，取引所金融商品市場外で株券等の買付け等を行うことをいう（金商法27条の2第6項）。いわゆる，TOB（Takeover Bid）といわれている。

　会社の支配権をめぐって争われている場合，市場外で株券等の大量の買付け等がなされる際には，一部の株主だけが安い金額で売却をせざるを得ない状況におかれるおそれや，株主が十分な情報を得て合理的な判断がなされないおそれがある。また公開買付者が多数の株式を買い占め，非上場化がなされると，一般の株主は株式を売却する機会を失う可能性がある。情報の適切な開示と株主間の公平な売却機会を確保するため，株券等の買付けを行う者は，金商法で定める公開買付規制に則った手続を経なければならない。

　友好的TOBの事例には，伊藤忠商事による子会社・ファミリーマートへのTOB，NTTによるNTTドコモへのTOBなどがある。敵対的TOBの事例には，米国投資ファンドによるブルドックソースに対するTOB，コロワイドによる大戸屋HDに対するTOBなどがある。

　なお，経営陣が投資ファンドや金融機関から資金調達を行い，既存の株主から自社の株式を買取り，経営権を取得することをMBO（Management Buyout）という。MBOの事例としては，オーダースーツ専門店オンリーがMBOによる株式非公開化をめざした事例などがある（2021年）。また，従業員による企業買収のことをEBO（Employee Buyout）という。不動産会社ユニゾHDが従業員による買収が行われた事例がある（2020年）。

②　公開買付けが強制される場合

以下の(a)～(f)のいずれかに該当する場合，買付けを行う者に対して，公開買付けの手続によることが強制される（金商法27条の2第1項各号）。

(a)　取引所外における株券等の買付け等で，買付けの後に買付者の所有割合が5％を超える場合である（1号）。株券等の所有者に持株を売り渡す圧力がかかることで，所有者に適切な判断がなされないおそれがある。

(b)　取引所外における株券等の買付け等であり著しく少数者からの買付け等を行うもので，買付け等の後に買付者の所有割合が3分の1を超えるような場合（2号）。こうした場合でも，所有割合が3分の1を超える場合には，取得者は株主総会の特別決議を阻止でき，会社支配に影響が生じるためである。全株主に対して売却の機会を与えるためでもある。

(c)　取引所における取引のうち特定売買等により，買付け等の後に買付者の所有割合が3分の1を超えるような場合（3号）。東証の立会外取引は取引所内の取引とされているが，公開買付規制の潜脱を防止するためである。

(d)　3か月以内に10％を超える株券等の取得を，取引所株券等の買付け等と新規発行取得などとの組合せにより，その後における買付者の所有割合が3分の1超となる場合（急速な買付け）（4号）。

(e)　現に公開買付けが行われている場合に，株券等の所有割合が3分の1を超える者が，5％を超えて買付けを行う場合（5号）。他の者により公開買付けが実施されている場合，公開買付けによらない買付けを禁止した。

(f)　その他として上記(a)～(e)に掲げる株券等の買付け等に準ずるものとして政令で定める株券等の買付け等である（6号，金商法施行令7条7項）。

③　公開買付けの情報開示規制

公開買付けの手続の流れとしては，金融商品取引法内閣府令に定められた手順（下記の(a)～(c)）に従って実施しなければならない（金商法27条の3）。

(a)　公開買付開始公告と公開買付届出書の提出

公開買付者は，その目的，買付け等の価格，買付予定の株券等の数，買付け等の期間などについて公告を行う必要がある（27条の3第1項，公開

買付府令10条）。公告の方法は，EDINETによる電子公告または日刊新聞紙への掲載の方法による（金商法施行令9条の3第1項）。

　そして公開買付者は，その日に，買付け等の価格などを記載した「公開買付届出書」を内閣総理大臣に提出しなければならない（金商法27条の3第2項）。また，公開買付者は，一定の添付書類を付して，公開買付届出書の写しを発行会社および金融商品取引所に送付する必要がある（27条の3第4項，公開買付府令13条1項）。さらに，公開買付者は，「公開買付説明書」を作成し，当該株券等の売付け等を行おうとする者に対し，これを交付しなければならない（金商法27条の9第1項）。

(b)　意見表明報告書の提出と回答

　買収の対象会社は，公告日から10営業日以内に，公開買付けに関する意見内容，根拠・理由，公開買付者に対する質問等を記載した「意思表明報告書」を内閣総理大臣に提出しなければならない（金商法27条の10第1項）。

　公開買付者は，意見表明書の質問に対して5営業日以内に質問の回答を内閣総理大臣に提出する必要がある（金商法27条の10第11項）。

　公開買付けに応じるべきかについて，一般株主の判断材料となる。

(c)　公開買付けの結果の公告・公表

　公開買付者は，公開買付期間の末日の翌日に，公開買付けの応募株券等の数などの事項を公告・公表しなければならない（金商法27条の13第1項）。

　公開買付けは，買収会社の経営陣や株主，市場に影響を与えるため，原則として撤回はできないが（金商法27条の11第1項），例外的に撤回が認められる（27条の11第1項但書，金商法施行令14条1項・2項）。

(2)　株券等の大量保有の状況に関する開示制度

　株式の大量取得は，株価を変動させる要因という面だけではなく，株式の取得が進めば，その後の会社の支配権に影響を与えることになり，投資者にとっては投資判断に影響を与えることになるし，会社にとっても，大量取得者の取得目的（純投資，政策投資などの説明）によってはその後の経営に影響を与え

る。そのため，一定の株券等を保有することになった株主（大量保有者）に，保有株式数や保有目的等を記載させた書類を提出させ，開示させる制度が大量保有制度であり，いわゆる5％ルールといわれている（金商法27条の23等）。

　株券，新株予約権付社債券などの有価証券（株券関連有価証券）につき，その保有割合が5％を超える大量保有者は，株券等保有割合に関する事項，取得資金に関する事項，保有の目的などの事項を記載した「大量保有報告書」を，5日以内に，内閣総理大臣に提出しなければならない（金商法27条の23）。

　そして，その後，株券等保有割合が1％以上増減した場合などには，変更に係る事項に関する「変更報告書」を提出しなければならない（金商法27条の25）。また，既に提出された大量保有報告書や変更報告書を訂正する場合には，「訂正報告書」を提出する必要がある（27条の25第3項。なお，27条の26）。

(3)　委任状勧誘規制

　株主総会での会社に対する影響力・支配権を確保するため，株主総会開催日より前に，会社側や大株主，さらには対立する株主グループの間で，株主たちの委任状を争奪する動きがある。これを委任状争奪戦とか，プロキシーファイトなどという。しかしこうした場合，委任状を勧誘する側に有利な情報になっている可能性もあり，十分な情報が伝わっていない可能性がある。金商法は，株主に対する十分情報の提供とそれに基づいて合理的な議決権の行使を確保する目的から，委任状勧誘に関して規制する規定を置いている。

　金融商品取引所に上場されている株式の議決権行使に係る委任状の勧誘について，何人も，政令の定めるところに反して自己または第三者に議決権の行使を代理させることを勧誘してはならない（金商法194条）。そして，金商法施行令36条の2以下，上場株式の議決権の代理行使の勧誘に関する内閣府令において，委任状の様式など詳細な規定を置いている。

V−5　不公正な取引等に関する規制

(1)　不公正な取引の規制

　投資のリスクは投資者が自分で判断しなければならないが（自己責任の原則），その前提として投資者には十分な情報が与えられなければならない。不公正な取引が行われると，証券市場の公正性・健全性が損なわれ，一般の投資者が不測の損害をもたらすことになるため，金融商品取引法では，不公正な行為に対して厳しく規制をしている。不公正な行為の規制としては，(1)包括的な不正行為の禁止規定（金商法157条），(2)風説の流布・偽計取引等の禁止（158条），(3)相場操縦規制（159条），(4)インサイダー取引規制（166条）などがある。

(2)　不公正取引行為の規制

　有価証券の売買その他の取引等に関連して，不正行為を下記の(a)〜(c)の3類型に分けて包括的な文言で規制している。適用対象は，何人に対してである。違反に対しては，罰則（金商法197条1項5号）がある。

　金商法157条は，(a)有価証券の売買等の取引等について，不正の手段・計画・技巧をすること，(b)重要な事項について虚偽の表示があり，または誤解を生じさせないために必要な重要な事実の表示が欠けている文書その他の表示を使用して金銭その他の財産を取得すること，(c)有価証券の売買等を誘引する目的をもって，虚偽の相場を利用することを禁止している。

　こうした規定をおく理由は，不正な行為の態様が時代と共に巧妙になったり，複雑化する可能性があり，詳細な規制には限界があるので，一般的かつ包括的な規定で，広く適用させようとするものである。

(3)　風説の流布・偽計規制など

　風説の流布とは，有価証券の売買などのため，または有価証券などの相場の変動を図る目的をもって，虚偽の情報や根拠のない噂を流すことである。また，

偽計行為とは，他人に誤解を生じさせるような詐欺的ないし不公正な計略・手段を用いることである。こうした行為は，投資者の投資判断を誤らせることになるので，禁止されている（金商法158条）。さらに，金商法では，暴行や脅迫をもって行うことを禁止している（同条）。

　これらの行為は，投資家の投資判断を損ねるため禁止されており，違反者には罰金や懲役が科せられる（金商法197条1項5号・173条）。

⑷　相場操縦規制

　相場操縦とは，金融商品市場の相場を人為的に操作することである。これにより，市場での公正な価格形成を歪め，資本市場の機能を損なうため，厳しく規制される。

　金商法における相場操縦には，⒜仮装取引（159条1項1号〜3号・9号），⒝馴合取引（1項4号〜9号），⒞変動操作・見せ玉（同条2項1号），⒟表示による相場操縦（2項2号・3号），⒠安定操作（3項）がある。

　⒜仮装取引とは，有価証券の売買が実際にあったかのように見せかける仮装（権利の移転などを目的としない）の取引のことである。⒝馴合取引とは，他人と通謀して偽装する取引である。⒞変動操作とは，他人を有価証券の売買に誘引する目的をもって，あたかも有価証券の売買が活発に行われていると誤解を生じさせるような行為をいう。また，見せ玉とは，約定する意図がない大量の注文の発注を出し，その成立前に取消し，あたかも取引が活発であるように見せかけて他の者の取引を誘因する行為をいう。⒟表示による相場操縦とは，取引の誘因目的をもって，上場金融商品などの相場が自己または他人の操作によって変動すべき旨を流布したり，あるいは重要な事項について虚偽であり，または誤解を生じさせるべき表示を故意にすることである。⒠安定操作とは，政令で定めるところに違反して，上場金融商品等などの相場をくぎ付けし，固定し，または安定させる目的をもって，一連の有価証券売買等またはその申込み，委託等若しくは受託等をすることである。

　こうした相場操縦の禁止に違反すると，違反者に対しては，刑事罰（金商法

197条1項5号・2項など），課徴金の制裁（174条1項・174条の2・174条の3）があり，さらに民事責任として損害賠償責任を負う（160条）。

(5) 内部者取引の規制

① 内部者取引規制とは

内部者取引とは，立場上あるいは何らかの関係で，特別な情報を得た者が，こうした情報を公表前に，その情報に基づいて取引をして利益を得ることである。いわゆるインサイダー取引である。こうしたことを許してしまうと，証券市場の公正性・健全性を損なう事態となり，投資者の信頼を失うことになるので，厳しく規制する必要がある。

内部者取引に対する規制に違反した場合には，行政上の処分として金融庁による課徴金納付命令（175条1項・175条の2第1項）や，違反者や法人に対して刑事罰（197条の2第13号・197条の2第14号・第15号，207条1項2号）が科される。

なお，内部者取引規制違反にかかる民事責任の規定は置かれていないので，民法の不法行為責任による損害賠償請求をすることになる（民709条）。

こうした内部取引を防止するためには，情報漏洩の防止のための情報管理体制の構築や，インサイダー取引防止規定の整備などが必要である。

なお，金商法では，上場会社やその役員・従業員等が，その業務に関して，取引関係者（金融商品取引業者，登録金融機関，投資法人など）に，未公表の重要情報を伝達する場合には，同時に当該情報を公表しなければならない，という規定をおいている（27条の36）。これを，フェア・ディスクロージャー・ルールという。

② 規制概要

金商法では，会社関係者（166条1項各号）または会社関係者から業務等に関する重要事実の伝達を受けた情報受領者（同条3項）が，当該上場会社等の特定有価証券等の価格に重大な影響を与える「重要事実」を知って，その重要事実の公表前に，特定有価証券等の取引をしてはならないとしている

（166条1項・3項）。

　投資者の投資判断に影響を当たる可能性がある重要事実には，「決定事実」，「発生事実」，「決算情報」，「その他」がある。

　決定事実とは，上場会社等の業務執行を決定する機関（取締役会など）が株式の発行，自己株式の処分，募集株式の発行，剰余金の配当，組織再編，事業の全部または一部の譲渡又は譲受け，新製品・新技術の企業化などの決定をしたことである（金商法166条2項1号，金商法施行令28条）。

　また，発生事実とは，上場会社等に災害に起因する損害や業務遂行の過程で生じた損害，主要株主の異動などの事実が発生したことである（金商法166条2項2号，金商法施行令28条の2）。

　さらに，決算情報とは，売上高，経常利益，当期純利益，配当予想の大幅な変動・修正といった決算情報をいう（金商法166条2項3号・7号）。

　上記以外に，当該上場会社の運営，業務，財産に関する重要な事実であって投資者の投資判断に著しい影響を及ぼすものとして包括条項（金商法166条2項4号：バスケット条項）などがある。また，当該上場会社の子会社についても同様に，決定事実，発生事実，決算情報などがある（166条2項5号・6号・7号・8号）。

③　公開買付けにおけるインサイダー取引規制

　公開買付者等の売買に対しても，同様な禁止規制がある。すなわち，公開買付者等関係者が，上場株券等の公開買付け等の実施・中止に関する未公表の事実を知りながら，当該公開買付けに係る株券等を買付ける行為を禁止している（金商法167条）。

　ここで，公開買付者等関係者とは，公開買付者等の役員等，会社法の帳簿閲覧請求権（会433条1項・3項）を有する株主，法令上の権限を有する者，公開買付者等と契約を締結している者・締結交渉をしている者，公開買付者等からの伝達により知った者，その役員等である（金商法167条1項各号）。

V−6 企業商品取引業者・金融商品取引所・証券取引等監視委員会など

(1) 金融商品取引業者

　金融商品取引法で定められた「金融商品取引業」（2条9項）に該当する行為を行うには，金融商品取引業の登録を受ける必要がある（29条）。そして，金商法においては，取扱う内容に応じ，以下の①〜④の4つに区分される。

① 第一種金融商品取引業

　第一種金融商品取引業とは，株式や社債など金商法2条1項に関する有価証券の売買，市場デリバティブ取引，有価証券の募集・売出の取扱いのなどの業務を行うことである（28条1項）。例えば，証券会社などである。

② 第二種金融商品取引業

　第二種金融商品取引業とは，金商法2条2項に関する有価証券の売買，市場デリバティブ取引，信託受益権の売買，募集の取扱い（媒介）などを行うものである（28条2項）。例えば，集団投資スキームなどの自己募集のファンド，信託受益権売買業者などである。

③ 投資助言・代理業

　投資助言・代理業とは，投資顧問契約に基づく投資家に対する助言，投資顧問契約や投資一任契約の締結の代理や媒介などの業務を行うものである（金商法28条3項）。例えば，投資顧問会社などである。

④ 投資運用業

　投資運用業とは，投資一任契約に基づいた運用，投資信託等の運用などに関する業務を行うものである（金商法28条4項）。例えば，投資信託委託会社や投資顧問会社などである。

(2) 金融商品取引所

　金融商品取引所とは，内閣総理大臣の免許を受けて金融商品市場を開設する

金融商品会員制法人または株式会社をいう（金商法2条16項・80条）。金融商品取引法で，金融商品取引所の設立や組織に関する規定を設けている。金融商品取引所は，自主規制の規則を制定する権限をもち，会員や取引参加者を規制・監督する機関として位置づけられ，自主規制機関とされている。取引所は，会員などに対して，安心して取引ができる市場を提供する役割を担っている。

　一般投資者が株式や債券を売買したい場合，上記の取引所に直接発注することはできず，証券会社を通じて注文することになる。この場合，証券会社は，投資者からの注文を各証券取引所に取次を行う（「Ⅲ-6　企業補助者②」を参照のこと）。

　日本の株式市場は，東京証券取引所（東証），名古屋証券取引所（名証），札幌証券取引所（札証），福岡証券取引所（福証）がある。2013（平成25）年1月に，東証と大証の統合を目指して「株式会社日本取引所グループ（JPX）」が設立された後，現物市場を東証に，デリバティブ取引を大阪取引所（大取）という体制になった。

　東証は，2022年4月に市場区分の見直しを行った。それ以前の東証には，市場第一部，市場第二部，マザーズ，JASDAQ（スタンダード・グロース）の市場区分があったが，市場区分の明確化，企業価値向上の動機付けを促すため，「プライム市場・スタンダード市場・グロース市場」の3つの市場区分に整理した。各市場区分のコンセプトに応じて，経営成績・財政状態とともに，株式の流動性やコーポレート・ガバナンスに関する定量的・定性的な上場基準をそれぞれ設けており，上場会社は各市場区分の基準に適合しなければならない。

(3)　金融商品取引に関わる組織

①　金融商品取引業協会

　金融商品取引業協会とは，有価証券の売買その他の取引およびデリバティブ取引などを公正かつ円滑にし，ならびに金融商品取引業の健全な発展および投資者の保護に資することを目的に，金融商品取引法により，金融商品取引業者が会員となって設立する法人である（67条1項・78条1項）。金融商

品取引業協会は，自主規制規則等の制定および処分する権限をもつ自主規制機関である。金融商品取引業協会は，認可協会（67条以下）と認定協会（78条以下）がある。認可協会は，会員制法人であり，認可を受けて設立される（67条の2）。認定協会は，金融商品取引業者が設立した一般社団法人であるが，一定の要件に該当すると認められる者として内閣総理大臣が認定したものである（78条1項各号）。

　例えば，認可協会としては日本証券業協会があり，認定協会として投資信託協会，日本投資顧問業協会などがある。

②　金融ADR

　金融ADR（Alternative Dispute Resolution）とは，証券会社などの金融機関と顧客とのトラブル（紛争）を，当事者の合意に基づいて裁判以外の方法で解決を図る制度であり，裁判外紛争解決制度といわれている。こうしたトラブルを通常の裁判で行おうとすると，相当の時間とコストがかかる。そうしたことから，金融ADR制度を使うことで，そのトラブルの事情などに応じた迅速・簡易・柔軟な紛争解決が期待されているのである。この金融ADRには，苦情処理も含む制度としている（金商法156条の49）。

　金融ADRには，苦情処理・紛争解決手続を実施する機関として業態ごとに主務大臣が指定した指定紛争解決機関が設けられている（金商法156条の38以下）。金融機関の業態ごとに指定紛争解決機関が設置され，指定紛争解決機関が設置された業態の金融機関は，当該指定紛争解決機関との手続実施基本契約を締結することが義務付けられている（37条の7）。指定紛争解決機関には，苦情処理や紛争解決の手続の応諾，事情説明や資料の提出，紛争解決委員の提示する和解案である特別調停案の尊重などの義務が課されている（156条の44第2項）。

　証券・金融商品取引の指定紛争解決機関としては，証券・金融商品あっせん相談センター（FINMAC：Financial Instruments Mediation Assistance Center）がある。

③　投資者保護基金

　投資者保護基金とは，金融商品取引業者が破綻した場合に投資者を保護するための仕組みである。金融商品取引業者を会員とする，法人である（金商法79条の22・79条の26）。証券取引などに対する信頼性を維持することを目的に，一般顧客（79条の20第1項）に対する支払その他の業務を行うことにより投資者の保護を図る（79条の21）。現在日本投資者保護基金がある。

　金融商品取引業者等は，顧客から預かった財産と自己の固有財産と分別して管理することが義務付けられている（金商法43条の2・43条の3：分別管理義務）。しかし，こうした義務に違反して，金融商品取引業者等が破綻した場合には，セーフティネットとして，投資者保護基金が顧客1人につき1,000万円を限度として補償することになっている（79条の57，金融商品取引法施行令18条の12）。

⑷　証券取引等監視委員会

　証券取引等監視委員会とは，金融商品取引法などに基づき，有価証券報告書虚偽記載やインサイダー取引などの案件の調査や告発，金融商品取引業者に対する立入検査，行政処分の勧告などを行う，金融庁に属する行政機関である。すなわち，証券取引等監視委員会は，①金融商品取引業者などの業務や財産の状況等の検査（証券検査），②内部者取引や相場操縦などの不公正取引の調査（取引調査），③有価証券報告書などの開示書類の提出者などに対して報告の徴取・検査（開示検査）などを行っている。重大な法令違反行為などが認められた場合には，証券取引等監視委員会は，金融庁長官に対して行政処分などを求める勧告などを行う。

　さらに，重大・悪質な違反行為の真相を解明し，告発により刑事訴追を求めるための調査（犯則調査）の結果に基づいて，犯則嫌疑者を検察官に告発することもできる。

Ⅵ-1 保険法概論

⑴ 保険とビジネス

　日常生活やビジネスにおいては，様々な不測の事態（リスク）が発生する。例えば，家や工場の火災，台風・地震などの自然災害，材料や商品の輸送途中における災害，交通事故による他人の身体や財産の損害・損失などがあげられる。こうした場合の経済的損失の補完・補填や損害賠償は非常に高額になるおそれがあり，個人や会社では賄えないものとなる場合がある。こうした経済的なリスクに備える制度として保険がある。

⑵ 保険法の構造

　社会経済情勢の変化に対応した保険契約の基本的規律を整備するため，2008（平成20）年に単行法としての保険法が成立した（2010（平成22）年4月1日から施行）。

　保険法の「第1章 総則」で，保険契約の定義として，「保険契約，共済契約その他いかなる名称であるかを問わず，当事者の一方が一定の事由が生じたことを条件として財産上の給付（生命保険契約及び傷害疾病定額保険契約にあっては，金銭の支払に限る。以下，「保険給付」という）を行うことを約し，相手方がこれに対して当該一定の事由の発生の可能性に応じたものとして保険料（共済掛金を含む）を支払うことを約する契約」としている（2条1号）。共済契約も，その実質が保険契約となれば，保険法の規定が適用されることになる。

　そして保険法は，第2章以降で，①損害保険契約（3条～36条），②生命保険契約（37条～65条），③傷害疾病定額保険契約（66条～94条）の3類型に分けて，その保険契約の基本的な規律を定めている。

⑶ 保険法と保険業法

　保険法と保険業法では，その目的や対象などが異なる。保険法は，保険契約

の成立・効力・履行・終了といった保険契約の基本的な規律を定めたものであり（1条参照），契約当事者間の利益調整のための契約ルールについて定めるものである。その対象は，保険契約者を対象としている。そして，保険法の所管は，法務省である。他方，保険業法は，保険の公共性に鑑み，保険業を行う者に対する監督（免許の内容，業務の内容の規制，罰則等）について定めるものであり，保険を引受ける保険会社を行政的に監督するためのものである。保険業法の所管は，金融庁である。

(4)　保険契約の関係者

① 　保険者とは，保険契約の当事者のうち，保険給付を行う義務を負う者をいう（保険2条2号）。つまり，保険会社のことであり，具体的には，生命保険相互会社，生命保険株式会社，損害保険会社，少額短期保険業者，JA共済，全労済などがある。

　　保険会社は，保険会社の資本金の額または基金の総額は，10億円以上で，株式会社または相互会社でなければならず（保険業5条の2・6条），内閣総理大臣の免許を受けなければならない（3条1項）。外国保険業者は，日本に支店等を設けて保険業を行う場合には，内閣総理大臣の免許を受ける必要がある（保険業185条1項）。なお，生命保険業免許と損害保険業免許とは，同一の者が受けることはできない（3条3項）。

② 　保険契約者とは，保険契約の当事者のうち，保険料を支払う義務を負う者をいう（保険2条3号）。

③ 　被保険者とは，(イ)損害保険契約においては，損害保険契約によりてん補することとされる損害を受ける者，(ロ)生命保険契約においては，その者の生存または死亡に関し保険者が保険給付を行うこととなる者，(ハ)傷害疾病定額保険契約においては，その者の傷害または疾病（障害疾病）に基づき保険者が保険給付を行うこととなる者をいう（保険2条4号）。

④ 　保険金受取人とは，保険給付を受ける者として生命保険契約または傷害疾病定額保険契約で定めるものをいう（保険2条5号）。

Ⅵ-2　損害保険・生命保険・傷害保険

(1)　損害保険

①　損害保険契約の意義

損害保険契約とは,「保険契約のうち,保険者が一定の偶然の事故によっ
て生ずることのある損害をてん補することを約するもの」としている(保険
2条6号)。それ故,物または財産的利益に対し偶然な事故によって生ずる
損害のてん補を目的とする有償契約とされている。

損害保険契約の種類としては,火災保険や地震保険といった住まいの保険,
自動車の保険(自賠責保険,任意保険),自転車保険,損害賠償責任保険,
旅行・レジャーの保険である国内旅行保険・海外旅行保険などがある。

②　損害保険契約の申込み・成立

保険契約は不要式の諾成契約と解されるものの,保険者は,損害保険契約
を締結したときは,遅滞なく,保険契約者に対し,法定事項を記載した書面
を交付しなければならない(保険6条1項)。

保険契約を締結する際には,保険契約者または被保険者は,危険に関する
重要な事項のうち保険会社が告知を求めた事項(告知事項)について,故意
または重大な過失により事実の告知をせず,または不実の告知をしたときは,
損害保険契約を解除することができる(保険28条1項)。この義務を告知義
務という(保険4条)。これは,保険者が,保険の引受けに際して,事故発
生率に影響を及ぼす事項や資料の提供がないと,保険を引受けるか否か,保
険料の額の決定の判断に必要だからである。

ただし,損害保険契約の締結の時において,(a)保険者がその事実を知り,
または過失によって知らなかったとき,(b)保険媒介者が,保険契約者または
被保険者が事実の告知を妨げたとき等の場合には,損害保険契約を解除する
ことはできない(保険28条)。

③　被保険利益

　損害保険契約が有効に成立するための前提として，被保険利益の存在が必要である。被保険利益とは，保険事故の発生によって被保険者が損害を被るおそれのある経済的な利益のことをいう。損害保険契約では，損害に対して保険金を支払うことを目的とするのであるから，この被保険利益のない損害保険契約は無効である。

　損害保険契約の場合，被保険利益は，金銭に見積もることができる利益に限られる（保険 3 条）。

④　義務について

　保険者は，損害保険契約の締結後に危険増加した場合，損害保険契約を解除できるが（保険29条），ただし，⒜保険契約者または被保険者の故意または重大な過失によって生じた損害（責任保険契約については，故意のみ），⒝戦争その他の変乱によって生じた損害といった免責事項以外は，損害をてん補する義務を負う（17条）。

　他方，保険契約が成立すると，保険契約者は保険料を支払う義務を負う（保険 2 条 1 号・ 3 号）。約款においては，通常，保険料の支払いがあるまでは保険者の保障は開始しない旨の条項がある。

　保険契約者または被保険者は，保険事故による損害が生じたことを知ったときは，遅滞なく，保険者に対し，その旨の通知を発しなければならない（保険14条：損害発生の通知義務）。また，保険契約者および被保険者は，保険事故が発生したことを知ったときは，これによる損害の発生および拡大の防止に努めなければならない（13条：損害発生・拡大防止義務）。

⑵　生 命 保 険

①　生命保険契約の意義

　生命保険契約は，保険契約のうち，保険者が人の生存または死亡に関し一定の保険給付を行うことを約するもの（傷害疾病定額保険契約に該当するものを除く）をいう（保険 2 条 8 号）。それ故，生命保険契約は，人の生死を

保険事故とするものであり，保険事故による損害の有無や損害額にかかわりなく，約定の一定額を支払う定額保険であるとされる。人の生死や後遺障害などについては，損害額の算定は難しく，被保険利益を必要としないので，保険価額（被保険利益を金銭に評価した額）は存在しない。

　生命保険契約の種類としては，被保険者の死亡により死亡保険金等を受取ることができる死亡保険，一定の保険期間の死亡には死亡保険金が受取れるが満期時に生存している場合に満期保険金が受取れる養老保険，被保険者が保険期間満了後に生存しているときに保険金・給付金を受取ることができる生存保険などがある。

② 生命保険契約の申込み・成立

　生命保険契約も諾成契約であるが，保険料の支払いを行う保険契約者と被保険者が異なる「他人の生命の保険契約」の場合には，その被保険者の同意がなければ，その効力を生じない（保険38条）。これは，不当な目的で契約を締結する恐れがあり，被保険者の生命の危険防止のためである。

　他方，保険金受取人が生命保険契約の当事者以外の者である「第三者（他人）のためにする生命保険契約」の場合，保険金受取人として指定された者の同意は必要なく，当然に当該生命保険契約の利益を享受する（保険42条）。いずれにおいても，保険者は，生命保険契約を締結したときは，遅滞なく，保険契約者に対し，法定事項を記載した書面（保険証券）を交付しなければならない（保険40条1項）。実務上，電磁的方式による発行でも可能である。

　生命保険契約を締結する際には，保険契約者または被保険者になる者は，被保険者の死亡または一定の時点における生存である保険事故の発生の可能性に関する重要な事項のうち保険者になる者が告知を求めたものについて，事実の告知をしなければならない（保険37条）。例えば，病歴や健康状態についてなどである。告知義務に違反すれば，その契約を解除できる（保険55条）。これは，損害保険と同様の理由による。

③ 義務について

　生命保険契約に定められた保険事故が発生した場合，保険者は，(a)被保険

者の自殺，⒝保険契約者が被保険者を故意に死亡させたとき，⒞保険金受取人が被保険者を故意に死亡させたとき，⒟戦争その他の変乱による被保険者の死亡を除き，保険給付を行う義務を負う（保険51条）。

　他方，保険契約者の中心的義務は保険料の支払い義務である（保険2条3号）。また，死亡保険契約の保険契約者または保険金受取人は，被保険者が死亡したことを知ったときは，遅滞なく，保険者に対し，その旨の通知を発しなければならない（50条）。

⑶　傷害疾病保険

　傷害疾病保険契約は，保険者が，急激かつ外来の偶然な事故による身体の傷害疾病に対して，その損害を填補すること，または一定の保険給付を行うこと金額を行うことを約するものであるとされる。保険法では，「損害保険契約のうち，保険者が人の傷害疾病によって生ずることのある損害（当該傷害疾病が生じた者が受けるものに限る）をてん補することを約するもの」として「傷害疾病損害保険契約」を定義する（2条7号）。また，「保険契約のうち，保険者が人の傷害疾病に基づき一定の保険給付を行うことを約するもの」として「傷害疾病定額保険契約」を定義する（2条9号）。

　傷害疾病保険契約は，人の傷害に関する保険契約であるから，生命保険契約と同じく人保険の類型に属するともいえるが，保険者が支払う保険金の額も一定ではないので，損害保険と共通する面も合わせ持つことから，第三の分野として位置づけられる。

　なお，傷害疾病損害保険契約は，保険法の損害保険契約の規律が適用されるが，人保険という面もあるので傷害疾病損害保険契約にかかる特則の適用を受ける（保険34条・35条）。

　損害保険会社では，普通傷害保険，交通事故傷害保険，ファミリー交通傷害保険，海外旅行傷害保険などがある。しかし，生命保険会社では，生命保険契約に付帯される特約として販売され，傷害特約，災害割増特約，災害入院特約などがある。

第Ⅶ章

海 商 法

Ⅶ-1　海商法概論

(1)　ビジネスと海商法

　現在の経済社会における物や人の移動には，海運，空運，陸運が重要な役割を果たしている。島国である我が国にとって，海上による物や人の運送ビジネスに関する法規制の理解は重要である。海上は，陸上とは違った活動環境であるから，船舶の衝突，船舶で輸送中の貨物の損害，内戦や動乱などの問題が発生することがある。海上の運送活動をめぐる規律として海商法がある。

(2)　海商法とは

　海商法とは，形式的には商法典「第3編　海商」に関する規定をさすが，実質的には海上での運送活動をめぐる規律の総体である。日本には「海商法」と題する法典はなく，1899（明治32）年に，商法典の一部として制定された。

　海商法は，商法の起源ともいわれるほど長い歴史と伝統のある法分野であるが，航海による世界の交易や交流を通じて，独自の存在を持って展開されてきた。そして，より円滑な貿易取引を行うために，取引に際して，各当事者間で統一的な契約書式や規則（例えば，共同海損に関する取決めを定めたヨーク・アントワープ規則や，国際商業会議所（ICC）が貿易取引における費用負担・範囲などの取引条件を定めたインコタームズ（Incoterms：International Commercial Terms）などがある）を自主的に利用したり，条約によって統一したり，海上での運送活動をめぐる規律を国際的に統一しようとする動きが強い。

　日本は，一世紀以上にわたり，海商法に関して実質的な改正がなされてこなかったが，2018（平成30）年商法改正では，他の新しい国際条約，国際規則などとの調和をはかるべく，従来の規定の内容をあらためるに至った。

(3)　海商法の構造

　日本には「海商法」と題する法典はなく，商法典のなかに「第3編　海商」

として，海上企業活動に属する海上運送に関する規定が置かれている。商法典における「海商」の構造としては，①海上企業の人的・物的組織，②海上企業の活動，③海上危険に関する規定から構成されている。

①人的組織には，海上運送人（船舶所有者，船舶共有者，船舶賃借人，傭船者）と，その補助者（船長，海員，水先人）がある。物的組織には，船舶，船舶債権者がある。②海上企業の活動には，船舶による海上物品運送がある。③は海上航行に伴う危険性という特殊性から問題を処理する制度として，共同海損，海難救助，船舶衝突がある。さらに，海上保険は，損害保険の一種ではあるが，航海の危険の特異性や企業保険としての標準的な規律といった観点から，2018（平成30）年商法でも，海上保険に関する規定を存置した。

(4)　海商法上の船舶

一般に，船舶とは，水中・水上を航行する用に供する構造物とされるが，海商法は，海上企業に特有な経済生活に関する海商法の適用範囲を確定するため，船舶とは，「商行為をする目的で航海の用に供する船舶（端舟その他ろかいのみをもって運転し，又は主としてろかいをもって運転する舟を除く）」とする（商684条）。つまり，商行為をする目的のために航海の用に供する商船をいう。ただし，官庁または公署の所有する公用船を除く非商行為船である航海船にも準用（船舶法35条）することで，商法の適用範囲を拡張している。

我が国では，船舶に関して，船舶登記と船舶登録の二つがある。船舶は，本来動産であるが，総トン数20トン以上の推進機関を有する日本船舶は，船籍港を管轄する登記所（法務局）などで船舶登記をしなければならない（船舶登記令）。その趣旨は，船舶に関する権利関係を公示するためである。船舶登録は，船舶の国籍を証明して行政上の関係を公示するため，登記後に船籍港を管轄する官海官庁に備えられた船舶原簿に船舶登録の手続をして，船舶国籍証書の交付を受けなければならない（船舶法5条）。

Ⅶ-2 海上運送

(1) 海上企業の主体

① 海上運送人

(a) 船舶所有者

　船舶所有者とは，船舶を所有し，かつ，これを海上企業活動の用に供する者（船主）をいう。船舶所有者は，「船長その他の船員がその職務を行うについて故意または過失によって他人に加えた損害を賠償する責任を負う」（商690条）とし，民法の一般不法行為責任とは異なる特別な責任を負う。被害者保護の必要性から，船舶所有者の責任は無過失責任としている。

(b) 船舶共有者

　船舶共有者とは，船舶を共有し，これを海上企業活動の用に供する者をいう。共有者間には民法の組合規定も補充的に適用されることになるが，商法は，船舶共有が共同企業形態の一つと認められることから，資本団体的な処理がなされている（商692条～700条）。

(c) 船舶賃借人

　船舶賃借人とは，賃借した船舶を海上企業活動の用に供する者をいう。実務では，船舶賃貸借を裸傭船契約とするが，船舶所有者は船員を配乗せずに船舶のみを貸与させて運送行為を行う契約である。船舶の賃借人は，船長・船員を任命する。

(d) 傭 船 者

　傭船者とは，船舶所有者が船長その他の船員を配乗させた船舶を一定期間借りる者をいう。商法では，定期傭船契約を当事者の一方が艤装した船舶に船員を乗り組ませて当該船舶を一定の期間相手方の利用に供することとし（704条），航海傭船契約を船舶の全部または一部を目的とする運送契約としている（748条）。実務では，これに裸傭船契約を含めた３種類に分類して，傭船契約としているようである。

② 海上運送人の補助者

(a) 船 長

　船長は，特定の船舶の乗組員であるが，その船舶の運航指揮者として，また船舶所有者の代理人としての権限を有する者である。

　船舶は遠く離れたところで航海し活動をするということに基づき，船長は，船籍港外においては，船舶所有者に代わって航海のために必要な一切の裁判上または裁判外の行為をする権限を有する（商708条１項。船舶の抵当権設定，借財を除く）。そして，船長の代理権に加えた制限は，善意の第三者に対抗することができない（同条２項）。

　船長は，船舶所有者，船舶管理人，船舶賃貸人により選任されるのが原則であるが，船長は，海員の監督について注意を怠らなかったことを証明した場合を除き，海員がその職務を行うについて故意または過失によって他人に加えた損害を賠償する責任を負う（商703条）。

(b) 海 員

　海員とは，船内で使用される船長以外の乗組員で労働の対償として給料その他の報酬を支払われる者（船員法２条１項）をいうが，それは，職員（航海士，機関長，機関士，通信長，通信士及び国土交通省令で定めるその他の海員）と部員（職員以外の海員）に分かれる（船員法３条）。海員は，船舶所有者に雇われて船舶に乗り組むが，船内の労務に服する。

(c) 水 先 人

　水先人とは，一定の水先区について，船舶に乗り込み船舶を導く者をいう（水先法２条）。船舶交通の安全を図るための者である。

(2) 船主責任制限制度

　商法上，船主は，原則として，船長その他の船員が運行ミス等で他人に損害を与えた場合，損害につき無過失の責任を負うとされる（690条）。しかし，危険性の高い海上で巨額の資本が投下された海上企業を保護する必要性や古くから世界各国で船主の責任制限を認めてきたことなどから，船舶所有者等に対し

ては，海難事故による海事債権を一定額に制限するための責任制度を統一するため，紆余曲折を経ながら，1957（昭和32）年に金額責任主義を採用した船主責任制限条約が制定された。我が国も同年にこの条約を批准し，国内法化したものが「船舶の所有者等の責任の制限に関する法律」（船主責任制限法）である。1957年条約の改善などを行った海事債権責任制限条約が1976年に成立し，我が国も1982年にこの条約を批准し，船主責任制限法を改正している。さらに，1996年の改正議定書に基づき責任限度額を引上げた（その後も改正し，引上げ）。

　船主責任制限法は，その制度の内容を規定する実体的規定（制限できる者，対象範囲，その及ぶ範囲，限度額など）と，その手続を定める手続規定がある。

(3)　海上物品運送

　商法では，海上運送とは，684条に規定する船舶（747条に規定する非航海船を含む）による物品または旅客の運送をいう（569条3号）と定義する。海上物品運送ついては，「第2編第8章第2節 物品運送」の規定（570条〜588条）が適用されることを前提に，海上物品運送の特則として，「商法第3編 海商」に規定が置かれている。これらの規定の適用は，内航船の運送に限られるが，外航船にあっては国際海上物品運送法が適用される（ただし，国際海運15条）。

　商法上，海上物品運送には，個品運送契約（737条〜747条）と航海傭船契約（748条〜756条）がある。個品運送契約は，個々の運送品を目的とする運送契約であるが（737条），海上企業者が多数の荷主から運送品の運送を引受け，荷送人が運送賃を支払うものである。航海傭船契約は，船舶の全部または一部を目的とする航海傭船契約であるが（748条1項），契約の相手方である傭船者がこれに運送賃（傭船料）を支払うものである。

(4)　海上運送人の義務・責任

①　海上運送人の義務

　運送人は，運送契約の履行に基づく運送賃を請求する権利を有するが，他方で，契約の履行から終了まで，様々な義務がある（例えば，発航・直航義

務，運送品を善良な管理者の注意を持って保管する義務，荷送人などの指図に従う義務など）。

　運送人は，発航時に船舶が安全に航海をするのに堪えることを担保する，いわゆる堪航能力担保義務を負う（商739条）。運送人は，⒜船舶を航海に堪える状態に置くこと，⒝船員の乗組み，船舶の艤装および需品の補給を適切に行うこと，⒞船倉，冷蔵室その他運送品を積込む場所を運送品の受入れ，運送および保存に適する状態に置くこと，といった事項について注意を怠らなかったことを証明しない限り，運送品の滅失，損傷または延着について，損害賠償の責任を負う。

②　海上運送人の責任

　商法では，運送人は，その運送品の受取，運送，保管および引渡しについて注意を怠らなかったことを証明しない限り，運送品の受取から引渡しまでの間にその運送品が滅失しもしくは損傷し，もしくはその滅失もしくは損傷の原因が生じ，または運送品が延着したときは，これによって生じた損害を賠償する責任を負う（575条）。国際物品運送は，国際海上物品運送法３条・４条。いずれも，民法の債務不履行責任に基づく損害賠償責任であることを運送の場面で具体化したものであるとする（通説）。

　運送人の責任負担の軽減と権利関係を迅速に処理するために，賠償額については，定型化されている（商576条）。

　運送人の責任制限は，国際海上物品運送法に定められている（商９条）。

(5)　船荷証券

　船荷証券（Ｂ／Ｌ：Bill of Lading）とは，運送品の引渡請求権を表章する有価証券であるが，運送品の船積みがあった旨を記載する船積船荷証券と，受取があった旨を記載する受取船荷証券がある（商757条，国際海運15条）。記載事項については，商758条。

Ⅶ-3 海上企業の危険・海上保険

(1) 船 舶 衝 突

① 船舶衝突の意義

　船舶の衝突とは，２隻以上の船舶が水面において相互間の接触で損害を発生させることをいう。損害賠償責任については，民法に不法行為の一般規定が置かれているが（709条以下），商法は，船舶の衝突により生じた損害に関する責任の帰属や分配について特別法として規定する。そして，商法は，船舶と他の船舶との接触による損害ばかりではなく，船舶がその航行もしくは船舶の取扱いに関する行為または船舶に関する法令に違反する行為により他の船舶に著しく接近し，当該他の船舶または当該他の船舶内にある人もしくは物に損害を加えた事故である準衝突についても，商法上の船舶の衝突として扱うことを認める（商790条）。

　なお，船舶衝突が船長・船員の過失により生じ，第三者に損害を与えたときは，船舶所有者は第三者に生じた損害の賠償責任を負う（商690条）。

② 効　　　果

　船舶の衝突による効果（損害の分担）として，商法は，衝突したいずれの船舶についてもその船舶所有者または船員に過失があったときは，裁判所は，これらの過失の軽重を考慮して，各船舶所有者について，その衝突による損害賠償の責任およびその額を定める（商788条前段）。これは，過失の割合がわかっている場合であるが，過失の軽重が不明なときは，損害賠償の責任およびその額は，各船舶所有者が等しい割合で負担する（同条後段）。

　衝突した船舶の双方に過失があり，それにより衝突船または第三船にある積荷や旅客などの第三者に損害を与えた場合の双方船主による損害の分担については，(a)船舶衝突統一条約の適用がある場合には，船舶所有者は連帯することなく過失割合に応じた分割責任を負い（4条2項），(b)その条約の適用がない場合には，商法にそれに関する規定がないので，民法の共同不法行

為（719条）により，双方の船舶所有者は第三者に対して連帯して損害賠償の責任を負うと考えられている。

(2)　海 難 救 助

①　海難救助の意義

海難救助とは，海難に遭遇した船舶または積荷その他の船舶内にある物の全部または一部が海難に遭遇した場合に，これを救助することである（商792条）。海難救助には，義務なくして救助する任意救助と，契約により救助する契約救助がある。実務的には，海難救助契約を締結しているという。

②　効　　　果

救助料については，契約救助の場合にはその契約に基づく額であるが，任意救助の場合で当事者間に争いがあるときは，裁判所は，危険の程度，救助の結果，救助のために要した労力および費用（海洋の汚染の防止または軽減のためのものを含む）その他一切の事情を考慮して，これを定めることなる（商793条）。数人が共同して救助した場合において，各救助者に支払うべき救助料の割合については，この規定が準用され，人命の救助に従事した者も，救助料の支払を受けることができる（商796条）。

なお，救助料の額は，特約がないときは，救助された物の価額（救助された積荷の運送賃の額を含む）の合計額を超えることができない（商795条）。

また，救助に従事した船舶に係る救助料は，その3分の2を船舶所有者に支払い，その3分の1を船員に支払わなければならない（商797条）。

海洋汚染の防止・軽減のための措置を促進する趣旨から，特別補償料として，海難に遭遇した船舶から排出された油その他の物により海洋が汚染され，当該汚染が広範囲の沿岸海域において海洋環境の保全に著しい障害を及ぼし，もしくは人の健康を害し，またはこれらの障害を及ぼすおそれがある場合において，当該船舶の救助に従事した者が当該障害の防止・軽減のための措置をとったときは，その汚染対処船舶救助従事者は，特約があるときを除き，船舶所有者に対し，特別補償料の支払を請求できる（商805条）。

(3) 共同海損

① 共同海損の意義

共同海損とは，船舶および積荷等に対する共同の危険を避けるために船舶または積荷等について処分がされたときに，その共同危険回避処分により生じた損害および費用をいう（商808条）。船舶または積荷の部分的犠牲において全体の利益をはからざるを得ないので，この共同海損を船舶・積荷の各利害関係人の間で分担すべきものとする制度である。

② 共同海損の要件

共同海損の成立要件としては，(a)船舶および積荷などにとって，共同の危険を免れるためであること，(b)船長などによる故意の，かつ共同危険回避がなされたこと，(c)共同危険回避処分によって，損害または費用が生じたこと，(d)共同回避処分によって，船舶または積荷などが保存されたこと（残存されたこと），の4つが必要とされる。

③ 共同海損の精算の効果

共同海損が成立すると，共同海損は，船員および旅客を除く各利害関係人において分担されるが（商810条），分担する財産の範囲・価額を算定する必要がある。共同海損により生じた損害・費用は分担請求財団を構成し，これを分担する財産は分担財団を構成する。共同海損の精算は，各財団の範囲と価額を確定し，その分担割合と分担額を算出して行われる。共同海損となる損害・費用の算定は商法809条，分担額は商法810条に規定されている。

(4) 海上保険

① 海上保険契約の意義

海上保険契約とは，損害保険契約のうち，保険者（営業として保険の引受けを行うものに限る）が航海に関する事故によって生ずることのある損害を填補することを約するものをいう（商815条1項）。

海上保険も損害保険の一種であるから，海上保険契約については，商法第

３編第７章に別段の定めがある場合を除き，保険法（平成20年法律第56号）第２章第１節から第４節，第６節，第５章の規定を適用する（商815条２項）。また，商法第３編第７章の規定は，その性質が許す限り，相互保険について準用する（830条）。

② 海上保険契約

　海上保険の種類には，船舶所有者がその所有する船舶について有する被保険利益とする船舶保険，貨物の所有者がその貨物について有する利益を被保険利益とする貨物海上保険，船主または運航者が船舶の航行に伴って負担することのある賠償責任・費用を担保するPI保険（Protection＆Indemnity Insurance）がある。

③ 海上保険契約の内容とその成立

　海上保険契約の内容としては，船舶保険にあっては海上運送を行う船舶を目的物とし，貨物海上保険にあっては海上運送中の貨物を目的物とする。保険者は，商法第３編第７章または海上保険契約に別段の定めがある場合を除き，保険の目的について，保険期間内に発生した航海に関する事故によって生じた一切の損害を填補する責任を負う（商816条）。

　海上保険契約の締結に際しては，保険契約者または被保険者になる者は，海上保険契約により填補することとされる損害の発生の可能性（危険）に関する重要な事項について，事実の告知をしなければならない（商820条）。この告知義務は，一般の損害保険契約（保険４条）とは違い，危険測定のために重要な事項について自発的に事実の申告をすべきものとしている。保険契約者または被保険者が，故意または重大な過失により事実の告知をせず，または不実の告知をしたときは，保険者は海上保険契約を解除できる（829条）。

　海上保険契約の締結に際しては，保険者は保険法６条１項に規定する書面（保険証券）には，(a)船舶保険契約を締結した場合には，船舶の名称，国籍，種類，船質，総トン数，建造の年および航行区域，船舶所有者の氏名または名称，(b)貨物保険契約を締結した場合には，船舶の名称，貨物の発送地，船積港，陸揚港および到達地，も記載しなければならない（821条）。

おわりに

　もともと「まともな国」ではなかったが，バブル崩壊から超高齢社会に至り，現在，日本はもはや経済的な先進国ですらなくなってしまった。最大の問題は，成人病のように自覚症状がないまま，既に社会病理の症状が末期に至っている点だ。

　例えば，多くの社会的な問題を自己責任として個人に押付けることが「常識」になっているため，ハードな出来事に行きあった者（達）以外，本当の痛みを知ることすらない。毎年，数万人を自死させながら，少子高齢化や人口減少社会を嘆くなど噴飯ものである。我々は戦争でもしているのだろうか？

　法学者もずいぶんと長い間，国内外の理論や判例を踏まえて高尚な研究をすすめているようだ。だが，この末期的な病に対して効果的な治療法であれ，姑息療法であれ人々の役に立つ何かを産み出したかと言えば「否」である。まず，日本の環境が変わりすぎたためにロール・モデルを失ったにもかかわらず，継受した欧米の法に先進性を求めすぎている（刑事司法を除く）。また，司法制度改革は失敗し，その成果はゾンビ化したロー・スクールたちと相変わらずの伝統的な刑事司法制度，そして，量産された法律職だけである。そして，その一方で本当に必要な者にリソースとしての司法が行き渡ってはいない。

　今我々に必要なことは，本質を見極め自分の頭で0から考えることだ。

　明治維新以降，つまり，西洋先進国ごっこをはじめてから約150年になる。法学はかつての律令を除くと西洋から輸入された社会科学であり，立法，運用，そして，教育の各段階で「社会」との語が頻出するが，ネガティブな意味でのムラ社会以外に我々は社会を形成し，経験したことがあるだろうか？　土壌となる社会なきところに種をまき社会正義を唱えても，花も咲かなければ実もならない。社会がないから痛みも個人化され捨置かれる。さらに悪いことには，その痛みを感じた個人が自業自得と世の人から罵倒され，何年たってもその名誉－人権－は回復しない。

結局のところ近代国民国家らしきものを即席でつくったものの一人ひとりに近代的自我が芽生えないままであるため，市民社会は形成されず，未だに法は大日本帝国憲法と同じくお上から下賜されたものとでも考えられているのか……。その法が必要か，その法の内容や運用が正しいかについて予断を持つことなく考えることすら行われない。

　それもまた，「何を言っているか」より「誰が言っているか」が重要な日本では，仕方ないのだろう。そろそろ猿真似を止めて自ら，あるいは自分たちが見聞きし，経験したことと向きあい，自分で判断し考えなければ，行動しなければ市民社会もその変革もあり得ない。

　本書は，「本当だろうか？」と考えるという意味でのクリティカル・シンキングを涵養したい，というスパイスを隠し味にビジネスという極めて現実的な場面で多少なりとも「ましな」世の中をつくっていただくべく，そして，「まっとうな」生き方を選ぶために記した。本書が読者各位のお役に立てば幸甚である。

民國112年６月
祖母の故郷にて
橋谷　聡一

参考文献等

●ビジネスにおける法
山本隆司「私法と公法の〈協働〉の様相」法社会学66号（2007年）16 - 36頁

宍戸善一「動機付けの仕組としての企業とハードロー・ソフトロー」法社会学66号（2007年）104 - 114頁

渡邊隆彦「企業コンプライアンスにおける PDCA サイクル：Plan ステップと Do ステップの具体的な進め方」専修大学商学研究所報48巻 8 号（2017年） 1 - 15頁

「パブリック・コメントについて」。e-gov ホームページ（https://public-comment.e-gov.go.jp/contents/about-public-comment/）

金融庁「金融庁における法令適用事前確認手続の導入について」。同庁ホームページ（https://www.fsa.go.jp/common/noact/hourei/annaibunsyo.pdf）

経済産業省「「グレーゾーン解消制度」、「規制のサンドボックス制度」及び「新事業特例制度」の利用の手引き」。同省ホームページ（https://www.meti.go.jp/policy/jigyou_saisei/kyousouryoku_kyouka/shinjigyo-kaitakuseidosuishin/ 230308_tebiki_sankyohou.pdf）

●民　　法
潮見佳男『民法（全）〔第 3 版〕』（有斐閣，2022年）

平田厚「建築請負契約における所有権の帰属」明治大学法科大学院論集 9 号（2011年）83頁以下

法務省ホームページ（https://www.moj.go.jp/MINJI/a 02.html）

法務省「2020年 4 月 1 日から保証に関する民法のルールが大きく変わります」。同省ホームページ（https://www.moj.go.jp/content/ 001399956.pdf）

金融庁「ファクタリングの利用に関する注意喚起」。同庁ホームページ（https://www.fsa.go.jp/user/factoring.html# 01）

（株）全銀電子債権ネットワーク「「でんさい®」活用ガイドブック」。でんさいホームページ（https://www.densai.net/pdf/pamphlet_A 002.pdf）

（公社）リース事業協会ホームページ（https://www.leasing.or.jp/information/kind.html）

●商法総則・商行為法
青竹正一『商法総則・商行為法』（信山社，2019年）

江頭憲治郎『商取引法〔第 9 版〕』（弘文堂，2022年）

岡田豊基『現代商法総則・商行為法』（中央経済社，2018年）

北居功・高田晴仁編著『民法とつながる商法総則・商行為〔第 2 版〕』（商事法務，2018年）

北村雅史編『スタンダード商法 I　商法総則・商行為法』（法律文化社，2018年）

近藤光男編『現代商法入門〔第11版〕』（有斐閣，2021年）

小柿徳武・伊藤吉洋・原弘明，島田志帆『基礎から学ぶ商法』（有斐閣，2022年）

末永敏和『商法総則・商行為法《基礎と展開》〔第3版〕』（中央経済社，2020年）

戸川成弘「場屋主人の責任」浜田道代・原秀六・小林量・坂上真美・中東正文編『現代
　　企業取引法』（税務経理協会，1998年）110頁～

福原紀彦『企業取引法〔第2版〕』（文眞堂，2021年）

松岡啓祐『商法総則・商行為法のポイント解説〔第2版〕』（財経詳報社，2023年）

松嶋隆弘・大久保拓也編『商事法講義2　商法総則・商行為法』（中央経済社，2020年）

山下眞弘『やさしい商法総則・商行為法〔第3版補訂版〕』（法学書院，2014年）

●会　社　法

江頭憲治郎『株式会社法〔第8版〕』（有斐閣，2021年）

神田秀樹『会社法〔第24版〕』（弘文堂，2022年）

黒沼悦郎『会社法〔第2版〕』（商事法務，2020年）

田中亘『会社法〔第4版〕』（東京大学出版会，2023年）

宮島司『会社法』（弘文堂，2020年）

山本爲三郎『会社法の考え方〔第12版〕』（八千代出版，2022年）

●金　商　法

川口恭弘『金融商品取引法への誘い』（有斐閣，2018年）

川村正幸・品谷篤哉・山田剛志・芳賀良『金融商品取引法の基礎』（中央経済社，2018年）

黒沼悦郎『金融商品取引法〔第2版〕』（有斐閣，2020年）

近藤光男・志谷匡史・石田眞得・釜田薫子『基礎から学べる金融商品取引法〔第5版〕』
　　（弘文堂，2022年）

徳本穣編『スタンダード商法Ⅳ　金融商品取引法』（法律文化社，2021年）

松岡啓祐『最新金融商品取引法講義〔第6版〕』（中央経済社，2021年）

松尾直彦『金融商品取引法〔第6版〕』（商事法務，2021年）

山下友信・神田秀樹編『金融商品取引法概説〔第2版〕』（有斐閣，2017年）

●保　険　法

甘利公人・福田弥夫・遠山聡『ポイントレクチャー保険法〔第3版〕』（有斐閣，2020年）

岡田豊基『現代保険法〔第2版〕』（中央経済社，2017年）

宮島司編著『逐条解説　保険法』（弘文堂，2019年）

山下典孝編『スタンダード商法Ⅲ　保険法』（法律文化社，2019年）

山下友信・竹濱修・洲崎博史・山本哲生『保険法〔第4版〕』（有斐閣，2019年）

山下友信・永沢徹編『論点体系　保険法1・2〔第2版〕』（第一法規，2022年）

●海　商　法

岡田豊基『現代保険法・海商法』（中央経済社，2020年）

小林登『新海商法概論』（信山社，2023年）

小林登『新海商法〔増補版〕』（信山社，2022年）

箱井崇史『現代海商法〔第 4 版〕』（成文堂，2021年）

松井信憲・大野晃宏編著『一問一答　平成30年商法改正』（商事法務，2018年）

事項索引

184

186

著者紹介

池島　真策（いけしま　しんさく）

【担当：はしがき，第Ⅲ章，第Ⅳ章，第Ⅴ章，第Ⅵ章，第Ⅶ章】

名古屋商科大学教授を経て，
現在，大阪経済大学経営学部ビジネス法学科教授

〔主要著書など〕

『経営と法─学びのエッセンス［第2版］』（中央経済社，2012年）（編著）
『はじめてのビジネス法』（晃洋書房，2017年）（編著）
『ビジネスツール手形法・小切手法』（税務経理協会，2018年）
『ビジネススタンダード会社法（第2版）』（中央経済社，2020年）
「社債に対する利息制限法の適用の有無─近年の判例をもとに─」法學研究96巻1号（2023年）（単著）
「会社分割の適時開示情報とそのテキスト分析」大阪経大論集73巻6号（2023年）（共著）
ほか

橋谷　聡一（はしたに　そういち）

【担当：第Ⅰ章，第Ⅱ章，おわりに】

不動産会社，（一社）不動産証券化協会を経て，
現在，大阪経済大学経営学部ビジネス法学科教授
筑波大学博士（法学）

〔主要著書など〕

『経営と法─学びのエッセンス［第2版］』（中央経済社，2012年）（分担執筆）
『受託者の善管注意義務・忠実義務の再構成』（日本評論社，2016年）
『はじめてのビジネス法』（晃洋書房，2017年）（編著）
ほか

民法・商法からはじめる
ビジネス法入門

2023年11月1日 初版発行

著　者	池島　真策
	橋谷　聡一
発行者	大坪　克行
発行所	株式会社税務経理協会

〒161-0033東京都新宿区下落合1丁目1番3号
http://www.zeikei.co.jp
03-6304-0505

印刷所	光栄印刷株式会社
製本所	牧製本印刷株式会社

本書についての
ご意見・ご感想はコチラ

http://www.zeikei.co.jp/contact/

ISBN 978-4-419-06953-7　C3032